# 시간을 복원하는 남자

# 시간을 복원하는 남자

김겸 지음

문학동네

프롤로그

# 모든 사물은 시간을 기억한다

운동화는 길을 기억한다. 2015년, 신촌 이한열기념관 전시실에 누워 있는 운동화를 처음 만났을 때의 아득함을 나는 기억한다. 운동화가 주인을 잃고 길을 누비지 못한 지도 벌써 서른 해가 지났다. 그 시간을 혼자 버텨오는 동안 낡은 타이거 운동화는 시간 속에 풍화하고 있었다. 밑창이 부스러져 당장이라도 무너질 것 같은 모습으로, 하지만 아직 할 말이 남았다는 듯 말없이 내게 말을 걸어오는 것만 같았다. 나는 조심조심 그 운동화를 상자에 넣어 품에 안고 연구실로 돌아왔다.

어떤 사물은 시간을 기억한다. 이한열의 운동화는 1987년 신촌 대학가를 거닐던 한 청년의 삶이 멈추는 순간 역사가 되었다. 역사의 목격자인 운동화를 다시 숨쉬게 하는 것이 내가 맡은 일이었다. 참으로 조심스럽고도 지난한 작업이었다.

1987년 연세대 학생이었던 이한열은 민주화를 부르짖는 대학생 시위대 선두에서 경찰이 쏜 최루탄을 맞고 피를 흘리며 쓰러졌다. 같은 현장에 있던 시위대 동료들이 그를 둘러업고 근처 세브란스 병원으로 옮겼다. 그때 열사와 함께 옮겨진 운동화 한 짝이 그의 곁을 지키다가 이후 다른 유품들과 함께 나이를 먹어갔다. 피, 땀, 최루가스와 먼지 등 시위 현장의 긴박함이 모두 뒤엉켜 얼룩진 채 열사의 옷가지와 함께 보관되어온 운동화 한 짝은 유달리 병세가 짙었으며 노화가 심하게 진행되고 있었다. 최후까지 열사의 몸을 떠받치고 있던 운동화 밑창은 휴식하지 못하고 조금씩 부스러져 가루로 떨어져나갔다. 어두운 전시관 3층 중앙, 피 묻은 옷가지와 운동화만을 비추고 있던 조명은 순간 나의 의식을 1987년 신촌으로 옮겨놓았다.

1987년 6월 대학생이 되어 맞이한 첫 여름은 신촌에서 홍익대까지 올라가는 언덕길을 따라 바람만 불면 몸 안으로 스며들어오는 최루 가스의 따가움으로 기억된다. 선배들은 군사 독재 타도와 민주주의, 이한열 열사의 죽음에 관해 들려주었고 정확히는 몰랐지만 뜨거운 그 무엇이 나를 비롯한 수많은 대학생을 거리로 나가게 했다. 목이 쉬도록 구호를 외쳤고 그때마다 최루 가스는 어김없이 목구멍 속으로 파고들어 몸안에 있던 모든 수

분을 눈과 코로 밀어냈다. 수건으로 코와 입을 꽉 둘러묶고 교문을 나선 그날, 역시 우리와 같은 대한민국 젊은이들인 전경과 눈앞에서 대치하는 상황까지 갔고, 그 친구가 허리춤에서 사과탄이라고 불리는 까맣고 동그란 최루탄을 뽑아 던지는 순간 뒤돌아 홍익대 언덕 끝 와우관 로비까지 달려올라올 수밖에 없었다.

많은 학생들이 거기 주저앉아 눈물, 콧물을 닦으며 숨을 고르고 있었고, 곁에 있던 친구로부터 "겸아! 너 등에서 피가 난다"는 말을 듣는 순간 등 아래쪽에서 묵직한 것이 느껴졌다. 뒤돌아 뛰기 전 마지막으로 눈에 들어왔던 사과탄이 내 뒤에서 터지며 파편 조각이 등을 찢고 튀어나간 것이다. 올바른 기억인지 모르겠지만 이한열 열사의 죽음 이후 전경들은 총에 장전하는 최루탄 사용을 줄였던 것 같다. 한 달이 1년 같았던 6월은 29일 승리의 함성으로 일단락되었지만 우리는 신촌 어느 주점에서도 더이상 이한열을 마주칠 수 없게 되었다. 이후 내 머릿속 1987년 6월은 어두운 터널 속으로 들어갔고 27년 후 터널 끝에서 한 줄기 빛이 그의 운동화를 비추고 있었다.

그의 운동화를 복원하면서 나는 초여름처럼 푸릇한 한 청년을 느낄 수 있었다. 사물의 어느 한 군데도 그냥 새겨진 흔적이 없었다. 그는 편히 운동화를 신고 벗기 위해 운동화 끈을 끝까지 엮어 묶지 않았고 길게 남아도는 끈을 가지런히 둘러 매듭을 만들어주었다. 잠시 가게에라도 다녀올 때는 꺾어 신고 나갔는지 발꿈치 부근은 주름이 깊게 남아 있었다.

운동화는 오른쪽 한 짝만 남았다. 운동화란 좌우가 반대인 쌍둥이로 태어나기 마련인데 주인이 떠날 때 다른 한 짝마저 떠나보내고 홀로 남은 외로움과 고통의 시간 속에서 그의 몸은 무너져내렸다. 이것이 내가 이 운동화를 처음 만났을 때, 운동화가 내게 들려준 이야기다. 잃어버린 한 짝을 찾아줄 수는 없어도 나는 그의 운동화에게 1987년 청년 이한열이 신발장 옆에 잠시 벗어두었을 당시의 그 모습을 찾아주기로 했다. 그렇게 되살아난 기억과 시간은 또다른 이야기가 되어 이한열을 다시 걷게 했다.

최근 알파고로 대변되는 인공지능 시대가 다가온다며 세상이 소란하다. 그런 이야기를 들을 때마다 나는 생각한다. 인간이란 무엇일까? 어쩌면 한 인간이 지나온 기억의 총합이 인간의 본질은 아닐지. 개인적인 기억과, 그 개인과 결코 무관할 수 없는 역사와 꿈과 고통과 상상과 온갖 보이지 않는 것들이 인간을 구성하는 것은 아닐지. 보이지 않지만 결코 잃어버릴 수도 잊을 수도 없는 것들 말이다.

영화 〈제5원소〉에는 부상당한 신체를 로봇 팔들이 바쁘게 움직이며 치료해서 손실된 인체 조직까지 만들어내는 장면이 나온다. 인공지능 로봇이 팔을 움직여 손상된 유물을 복원하는 모습도 어렵지 않게 상상할 수 있고 그런 작업은 충분히 가능할 것으로 보인다. 실제로 인공지능이 소설을 쓰고 유명 작가의 화풍을 흉내내 오리지널 그림까지 그려내고 있으니 마음만 먹는다면 인공지능 복원 로봇도 그리 멀지 않은 미래에 만들어낼 수 있을 것이다.

그렇다면 보존복원 또한 인공지능에 전적으로 의지하게 될까? 복원된 결과물만 필요한 것이라면 인공지능에 의지하는 편이 나을 수도 있다. 기계는 인간의 눈으로 지각할 수 없는 단위 내에서 색조, 반사율을 조절할 것이며, 작품 표면의 질감도 수백분의 몇 밀리미터 단위로 쌓아올릴 것이기 때문이다.

하지만 유물이나 예술작품의 가치는 물질로서의 존재보다 그것을 둘러싼 이야기로부터 나온다. 명작들은 과거의 이야기뿐 아니라 동시대 사람들로부터 새로운 이야기를 통해 새로운 가치를 덧입으며 새 생명을 획득해나간다. 보존복원이란 행위는 새로운 이야기가 유물에 덧입혀지는 과정이다. 그 끊임없는 과정 속에서 유물은 살아 있는 역사가 된다.

1987년 이한열 열사의 남겨진 운동화 한 짝은 아픔의 시간을 버텨 2015년에 복원되었고 2016년에는 김숨 작가의 『L의 운동화』라는 소설로, 2017년에는 영화 〈1987〉로 부활했다. 유물을 복원한다는 것은 기억과 가치를 복원하는 것이며 잃어버리고 싶지 않은 시간을 복원하는 것이다. 잃어버린 시간을 복원한다는 것은 새로운 시간, 새로운 기억을 맞이하려는 의지의 진행형이다. 먼 훗날의 기억이 될 우리의 운동화는 지금 어떤 길을 걷고 있는가.

2018년 여름

김겸

차례

## 2부 작품을 치료하는 의사: 나의 복원 이야기

## 3부 예술과 시간과 인간: 누군가의 마음을 만나는 일

# 1부

# 잃어버린 시간을 찾아서

보존복원가의 길

# 우연과
# 인연

나는 학부에서는 예술학을, 대학원에서는 서양미술사를 전공했다. 서양화가인 아버지가 작업하는 모습을 곁에서 보고 자라서인지 유화 물감 냄새, 테레빈유(유화용 물감을 녹이는 기름) 냄새가 좋았고 세계명화집을 그림책 읽듯 보곤 했다. 그래서인지 아버지처럼 화가나 그래픽 디자이너가 되기를 꿈꾸기도 했고 피아노를 배우면서부터는 피아니스트가 되고 싶다는 생각도 했다. 하지만 뭐 하나 꾸준히 해내질 못했다. 다만 프라모델 만들기나 수천 피스짜리 퍼즐 맞추기 같은 건 하루 종일 꼼짝 않고 할 수 있었는데, 결국 꼼짝하지 않고 가만히 앉아서 무언가를 맞추는 일을 직업으로 삼게 되었다. 그러고 보면 사람의 기질과 능력이라는 것이 어딘가에서는 발현되는 것이 아닐까 싶다.

'보존복원'이라는 분야가 존재한다는 것, 그리고 이 분야의 일을 직업으로 삼기도 한다는 사실은 대학에 막 입학해서 우연히 『계간미술』이라는 잡지에 실린 국립현대미술관 보존실 탐방 기사를 읽다가 처음 알게 되었다. 당시에는 막연히 보존복원가도 멋지다는 생각을 했다. 그러고는 대학 4년간 내 머릿속에서 보존복원은 없는 분야였다. 대학을 마치고 서양미술사를 공부하러 대학원에 간 것은 학문에 대한 열정 때문이었다기보다는 "모두 가니까 나도 가야 하지 않을까" 혹은 "대학원을 나와야 좀더 전문적인 일을 하게 되지 않을까" 하는 막연한 기대, 또는 일종의 도피 심리에서 내린 선택이라고 표현해야 할 것이다. 뚜렷한 꿈도 하고 싶은 일도 없던 시절이었다.

대학원 과정이 끝나고 미래에 대한 불안감이 커져갈 즈음 학교 게시판에 붙은 삼성문화재단 보존실 채용 공고를 보게 되었다. 그때 불현듯 미술 잡지의 그 기사가 떠올랐고, 취업이 된다면 유화 복원을 하면 좋겠다는 생각을 했다. 그때는 복원이라고 하면 단순히 그림을 복원하는 일이라고 생각할 만큼 보존복원이라는 분야에 대한 이해도가 낮은 수준이었다. 당시엔 보존을 전공한 사람이 거의 없었기에 지원 대상자는 미술 실기, 미술 이론, 화학 전공자였고, 나는 영어와 전공 시험, 면접을 보고 최종 합격을 했다. 시험은 대략 해저 철제 유물의 부식, 탈염(바닷물에 빠진 철이 빨리 녹스는 것처럼, 철제 유물에 염소 이온이 붙어 있으면 부식이 심해지므로 신속하게 이를 말끔히 제거해주는 작업), 방청(부식이 되지 않도록 약품 처리를 하거나 코팅을 해주는 등의 작업)에 관한 것과 존 체임벌린John Chamberlain(미국의 폐품 조각가로 산업용 재료를 주로 사용한다) 작품에 생길 수 있는 잠재적인 손상 종류와 예방법에 대한 것이었는데 운 좋게도 폐차된 자동차를 사용한 체임벌린의 작품을 알고 있었던 것이 유리하게 작용했다.

합격 통지를 받고 첫 출근을 하고서야 나는 조각 작품 복원이 내 담당이라는 것을 알게 되었다. 삼성문화재단이 복원 전문가를 채용한 것은 용인 호암미술관에 있는 부르델 조각공원에 인력이 필요해서였다. 나는 입사하자마자 앙투안 부르델Antoine Bourdelle의 작품 관리와 공원 내 각종 조각 작품과 관련된 일을 시작했다. 청동 조각 작품들에 왁스 코팅을 해주는 한편, 부서 막내로서 선배들의 업무를 지원하는 하루하루는 배움의 연속이었다. 당시 미술관 내부에 현대 입체물 보존 전문가가 없던 시절이라 재단은 미국에서 제임스 크워트James Kwert라는 복원가를 초빙했다. 당시 그가 작업하는 과정을 지켜보면서 나는 처음으로 그 같은 복원가가 되고 싶다는 생각을 했다. 그는 물로 작업할 청동 말의 몸을 깨끗이 씻긴 후 일부를 벤젠으로 닦아내기도 했다. 프로판가스 통에 연결된 커다란 불대로 말의 몸을 뜨겁게 달구어준 후 가져온 약품 가루 몇 가지를 물에 풀어 둥근 붓으로 말의 몸에 발라주자 물기가 뜨거운 수증기로 날아가는 동시에 표면이 검게 변했다. 이 위에 자신이 만들어온 왁스를 바르고 문질러주니 깨끗하고 고풍스러운 검은색의 청동마상이 재탄생했다. 이때 사용했던 가루들이 무엇이었는지는 10년이 지난 후에야 알게 됐다.

기초적인 청동코팅법과 코팅제 만들기를 배우고, 권진규의 부조 작품을 복원해나가며 정신없이 바쁜 1년을 보내던 즈음 IMF 사태가 터졌다. 호암미술관도 그 여파를 피할 수는 없었다. 당시 어느 조직이나 마찬가지였지만 호암미술관도 내부 인력을 정리하는 수순을 밟아나갔다. 결국 보존실 막내였던 나도 두 명의 해고자에 포함되었다. 개인적으로는 힘든 일이었지만 보존 기술이나 지식이 부족했던 내가 퇴사하게 된 것이 어쩌면 자연스러운 일이었을 것이다. 해고를 당하고서 나는 처음으로 이 분야를 제대로 공부해야겠다는 결심을 하게 되었다. 공부에 대한 열망도 열망이었지만 앞으로 다시는 타인에 의해 나의 거취가 좌우되는 인생은 살지 않겠다는 다짐의 의미가 더 컸다. 평상시 같으면 출근 준비에 정신이 없었을 월요일 아침, 느지막이 침대에서 일어난 나를 아무 일 없었다는 듯 대해주시는 부모님의 모습을 피해 밖으로 나오니, 지나가는 회사원들 목에 걸린 회사 출입증이 계속 눈에 밟혔다.

며칠 만에 정신을 차리고 나니 마키노 다카오牧野隆夫라는 복원가께서 공부하고 싶으면 찾아오라시던 말씀이 불현듯 떠올랐다.

선생님은 당시 일본 동북부 야마가타에 있는 동북예술공과대학 보존복원학과에서 고전 조각 수복修復을 가르치고 계셨다. 마키노 선생님을 처음 뵌 것은 내가 호암미술관 보존실에 근무하던 1997년, 선생님께서 학생들과 견학차 호암미술관을 방문하셨을 때다. 당시 선생님은 일본과 다른 한국 불상의 보존 방식에 관심을 갖고 계셨다. 조각 보존 담당이라고 선생님께 인사를 드리니, 선생님께서는 자신도 조각복원가라며 일본에서 공부하고자 한다면 자신을 찾아오라고 하셨다. 회사에서 해고당한 그 순간 왜 마키노 선생님이 떠오른 것인지, 고작 초급 수준의 일본어밖에 할 줄 몰랐던 내가 그분을 떠올리고 일본으로 갈 생각을 했다는 게 지금 다시 생각해도 놀랄 일이지만 당시에는 그만큼 절박했다. 일본어를 번역하셨던 큰아버지께 부탁해 입학 관련 서류와 장학금 신청서를 준비하고, 마키노 선생님을 뵙고 나눌 법한 이야기를 미리 빽빽이 적어 달달 외워서 일단 일본으로 떠났다.

# 무사들의 진검 승부

동북예술공과대학 고전조각수복과에서 연구생 과정Course work을 시작했다. 학부, 대학원 과정 중에 선생님께서 지정해주신 과정을 이수하며 다음해 대학원 입학 준비를 하는 것이었다. 나는 우선 목조 불상 등 일본의 전통 목조 유물을 복원하는 과정을 이수했다. 연구생 과정을 시작한 첫날, 마키노 선생님은 10만 원이 넘는 두 종류의 조각도 날 부분만을 구입해오라 하셨다. 시작은 히노키를 깎아 손잡이를 만들고 옻칠을 한 후 최소 한 시간 동안 날을 가는 것이었다. 그렇게 손수 내 손에 맞춘 조각도를 만들어 모각模刻 연습을 하고, 옻칠과 단청 등 표면 처리 연습도 하며 실제 유물을 다루는 복원 실습을 이수하고 미술사 수업과 화학 수업을 들었다.

보존복원학교에서 화학을 다룬다고 하니 조금 생경하게 느껴질 것이다. 하지만 보존복원에서 중요한 것 중 하나가 물리화학적 이론을 바탕으로 접착제의 종류와 접착의 메커니즘을 이해하는 것이다. 보존복원을 할 때 어떤 접착제를 선별해야 하는지, 접착제의 성분은 무엇이며 유물과의 반응성은 어떤지, 그리고 접착제 자체의 안정성은 어느 정도인지도 조사한다. 또한 접착 전에 접착 면을 어떻게 준비해야 하는지, 접착 면에 따라 접착 강도가 어떻게 달라지는지 등을 배운다. 재료의 성질을 배우고 실습을 통해서 차이를 느끼고 경험하는 것이다.

일본 고전 조각 수복은 크게 전통적인 방법으로 나무를 깎아 표면 처리를 하는 교토 '미술원(목조불을 중심으로 복원을 하는 일본 국립기관 중 하나)' 등을 중심으로 한 복원 경향과, 서양의 과학적 보존복원 방법을 첨가한 수정주의 경향으로 나뉜다. 마키노 선생님은 후자의 대표적인 복원가였다. 둘의 방법을 예를 들어 비교하자면 이렇다. 전통파는 몇백 년 전 일본 장인들이 보수하던 방법을 계승하는 차원에서 목재의 접합에 무조건 아교를 사용했다. 반면, 마키노 선생님은 가역적인 방법(작업했던 부분을 이후 다시 예전 상태로 되돌릴 수 있는 방법)으로 작업했으며 이를 위해 새로운 재료 도입을 고민하기도 하고 필요하다면 아크릴계 수지 접착제를 사용했다. 지금에야 이 차이를 정확히 설명할 수 있는데, 사실 아교이건 아크릴계이건 초산비닐계이건 유물에 끼치는 영향 면에서 큰 차이는 없다. 오히려 전통적인 방법을 따르려는 것은 정서적인 이유에서 비롯됐을 가능성이 크다. 이후 문제가 생겨도 과거에 쭈욱 해오던 방법을 따랐을 뿐이라고 해버리면 되니 편한 면도 있다. 마키노 선생님은 전통에 도전하고 새로운 것을 시도하는 실용주의자였다.

한번은 마키노 선생님이 학생들을 대동하고 교토 미술원에 계신 옛 동료를 방문하셨다. 그곳에서 역시 학생들을 대동한 교토파(?) 불상 수복 전문가인 친구 분의 저녁 식사 초대를 받게 되었다. 상석에 두 선생님이 자리하시고 기다랗게 차린 상 좌우로 각 선생님의 문하생들이 마주 앉았다. 난생 처음 교토 명물 마이코(흔히 게이샤라고 알려져 있다)의 공연도 보았지만 가장 기억에 남는 건 두 선생님의 대화였다. 일본 관서 지방과 동북 지방을 대표하는 40대 후반 수복의 대가인 두 분이 하시는 얘기에 다들 귀가 쫑긋해졌다. 얼마나 멋진 이야기들이 오갈 것인지 모두 기대가 큰 듯했다. 특히 한국에서 보존복원을 배우러 온 나는 이런 경험이 처음이라 복원에 대한 관점을 두고 오갈 두 분의 날선 대화를 자못 기대하고 있었다. 그런데 두 분은 정작 작업하다 조각도와 끌에 베이고 찔린 상처를 서로 내보이며 겨루고 계셨다.

"여기 손가락 사이에 베인 상처 보이나? 이게 말이야 내가 비와코 주변 사찰에 있는 인왕상의 갈라진 면을 붙이다가 말이지……"

"아, 그런가. 그런데 이건 말이야. 양 허벅지에 나무를 끼고 끌질을 하다가 미끄러져서 손가락 길이만큼이나 들어갔던 자국이라고. 의사가 이걸 꿰매는데 말이지……"

이건 마치 일본 무사들의 진검 승부가 펼쳐지길 기다렸는데, 정작 단상에 오른 두 사람은 옷자락 휘날리며 누가 더 칼에 많이 베였는지를 비교하는 격이랄까.

복원이라는 것이 진지한 작업이기도 하지만, 물리적으로도 힘든 일이어서 나도 2년이 안 되는 짧은 기간 동안 여기저기 참 많이 베였고 어떤 곳은 지금도 상처 자국이 남아 있다. 그러니 복원가들이 만나기만 하면 사용한 약품 때문에 문제가 생겼다거나 서로의 상처를 보여주는 게 이제는 이상한 일로 느껴지지 않는다. 그럼에도 처음 대가들의 만남에서 그런 한담을 듣자니 얼마나 재미있던지. 만화나 소설의 한 장면 같았다고나 할까.

그런데 나중에는 나 또한 복원의 '아픔'에 공감하게 됐다. 내 경우에는 복원 작업을 하면서 제일 아프고 힘들었던 것은 베이고 찔린 상처가 아니라 옻칠 작업을 하다 옻이 오른 것이다. 옻이 오르면 잠들지 못할 만큼 가렵고 계속 긁다보면 살이 패어 피에 고름이 섞여 나오기도 한다. 학생들 가운데 몇 명은 옻독 때문에 수업을 포기하기까지 했고 나도 증상이 심했던 편이다. 하지만 한 학기 동안 빠지지 않고 실습에 참가했다. 그래서 반년

이상을 몸을 긁다가 잠들고 새벽에 깨서 더운 물을 받은 욕조에 들어가 가려움을 삭이는 생활을 반복했다. 이후에는 몸이 조금씩 적응해가는지 주먹을 못 쥘 만큼 퉁퉁 부었던 손도 점차 가라앉았다. 다만 나중에는 옷을 만지지 않아도 두드러기와 가려움증이 끊이지 않아 항히스타민제를 복용해야 했고, 항히스타민제는 몇 년이 지난 후에야 겨우 끊을 수 있었다.

# 기꺼이 믿어주는 사람

복원가의 길을 가는 데 가장 많은 영향을 끼친 분은 마키노 다카오 선생님이다. 가까이서 선생님을 지켜보며 복원가로서 선생님이 보여주신 모습뿐 아니라 삶의 모습까지도 꼭 닮고 싶었는데 그 마음은 지금도 변함이 없다.

부끄러운 고백이지만 마키노 선생님이 일본 전통 목조 불상 복원가라는 사실은 일본에 가서야 알게 되었다. 잘 모르는 분야였지만 당시에는 "이것도 인연이겠지" "여기까지 왔으니 이거라도 열심히 배우자"라는 심정으로 연구생 생활을 시작했다. 일본어는 발등에 떨어진 불이니 열심히 할 수밖에 없었지만 몇 달 만에 일본어로 주어진 과제를 써내기엔 무리가 있었다.

첫 리포트 주제는 '불상을 안전하게 포장하는 방안'이었다. 한 글을 직역하다시피 해서 겨우 제출한 과제물에 마키노 선생님은 내용에 대한 평가를 해주셨음은 물론이고 어색한 일본어 표현까지 모두 수정하여 돌려주셨다. 이때의 기억은 내가 누군가를 가르치는 입장이 되었을 때 다시금 떠오르곤 했다. 학생 한 명 한 명의 과제물을 꼼꼼히 봐주시던 선생님의 태도를 떠올리면서 나 역시 학생들을 대할 때 무엇이든 최선을 다해야겠다고 자연스럽게 다짐하게 됐다.

일본어 자격증도 겨우 딴 나에게 일본 에도시대 이전 사료들을 강독하는 일본 조각사 수업은 정말 고역이었다. "나는 외국인이니까 좀 봐주시겠지" 싶은 마음도 없지 않았는데, 마키노 선생님은 내 차례가 되면 어김없이 강독을 시키셨다. 결국 한 주 내내 고어사전을 찾아가며 공부를 해야 했다. 그 혹독한 훈련의 나날들이 사실은 어려운 상황에서 늦은 나이에 유학하는 나에게 한 가지라도 더 배우게 하고자 한 스승의 마음이었음을, 그리고 복원이란 하나의 단서를 가지고 끝없이 자료를 찾고 역사를 거슬러올라가는 일임을 알게 해준 시간이었다. 이후 영국 유학 시절 18세기 영어로 쓰인 사료로 리포트를 써야 했던 순간에도 크게 당황하지 않았던 것은 다 마키노 선생님의 교육 덕분이었다.

조각도 손잡이를 깎아 만드는 것부터 시작된 실습은 연화대좌에 들어갈 연꽃을 깎고 그 위에 옻칠이나 단청, 금박을 올리는 것으로 이어졌다. 마키노 선생님은 새로운 기법에 들어갈 때마다 내게 그 방면의 한국 전통 기법은 어떻게 다른지를 조사해 와서 자신에게 가르쳐주길 청하셨다. 당시 나는 한국 전통 목조 기술과 관련 기법에 관한 사료나 정량화된 자료가 부족하다는 것을 깨닫게 됐다. 한국 전통 목조 기법은 한두 명 장인의 노력으로 이어지거나 재현돼온 처지였다.

연구생으로 학기를 시작한 지 두어 달 후 마키노 선생님은 자신의 개인 조각수복소인 기비吉備조각수복소에서 내가 연구원으로 일을 돕게 해주셨다. 당시 기비조각수복소에서는 가마쿠라시대 약사불 한 구를 복원중이었는데, 이제 겨우 기초 실습중인 나에게 약사불의 대좌(불상을 안치하기 위한 대)와 광배(불상의 머리나 몸체 뒤쪽에 있는 원형 또는 배 모양의 장식물)의 표면 작업을 맡기셨다. 오래되어 금박이 마모되고 금박층 아래 천이 들뜨고 떨어져 있었는데, 그 부위를 정리한 후 한지를 아교풀로 붙이고 표면을 복원하는 작업이었다. 밤마다 실습실에 남아 몇 달에 걸쳐 끝낸 대좌와 광배는 선생님과 연구소 선배들이 끝낸 본존불과 만나 시내 공공 전시장에서 대중에 공개된 후 본래 있던 사찰로 돌아갔다. 아직도 의문인 것은 그때 막 복원을 시작한 연구생이던 나에게 선생님께서는 어떻게 그토록 비중 있는 일을 맡기셨을까 하는 것이다. 호암미술관 보존실에서 일했던 내 경력을 인정하신 건지, 몇 달간 실습 시간에 보신 내 손놀림을 인정하신 건지 모르겠지만 결과적으로 작업은 잘 마무리되었고 내가 대좌와 광배를 작업한 본존불은 주요 작품으로 전시되기도 했다.

대학 연구생으로, 또 수복소 연수생으로 정신없이 2년의 시간을 보내고 나니 비로소 내 꿈이나 미래에 대해 다시 생각할 시기가 되었다. 호암미술관 보존실에서 로뎅이나 부르델 같은 대가들의 조각을 보고, 만지고, 느끼며 키웠던 꿈을 버릴 수 없었다. 나는 마키노 선생님께 유럽에서 서양 조각 복원을 배우고 싶다고 말씀드렸다. 내 결심을 듣고서 선생님은 그날 오후 늦게 나를 연구실로 부르셨다. 그러고는 봉투 하나를 주셨는데 그 안에는 영국과 프랑스에 있는 여러 보존복원 관련 학교 안내문이 들어 있었다. 유럽에서 유학한 경험이 있는 예술대 교수님들을 찾아다니며 정보를 모아주신 것이다. 그분의 세심한 배려에 나는 깊이 감동했다.

최근 젊은이들이 나에게 종종 진로에 대한 고민을 털어놓을 때가 있다. 그런 젊은이들에게 나는 좋은 스승과 선배를 찾아 일정 기간 함께 생활해보거나 적어도 가까이서 그들의 삶을 충분히 느껴보라고 권한다. 추상적인 직업이 아니라 그 직업을 택한 이들의 삶이 자신의 꿈과 닿아 있어야 제대로 그 일을 즐기면서 행복하게 해나갈 수 있기 때문이다. 그래서 보존복원을 공부하겠다는 친구들, 특히 유학부터 마음먹은 친구들에게도 유

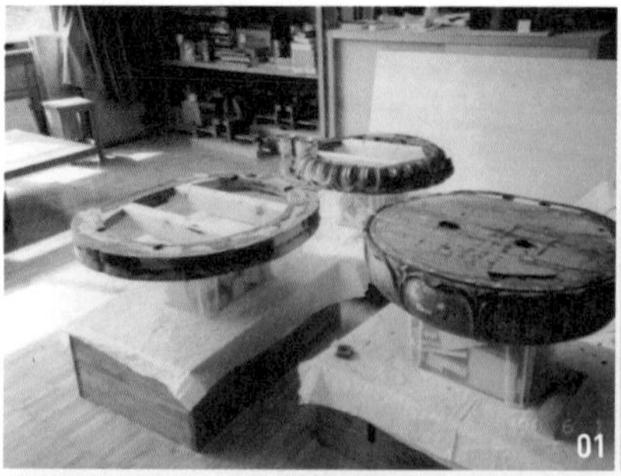

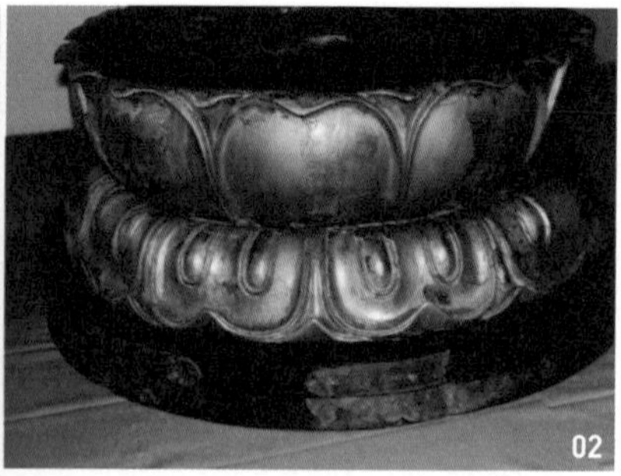

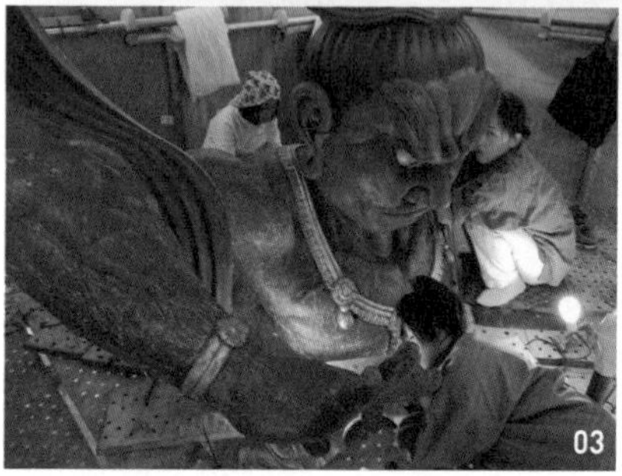

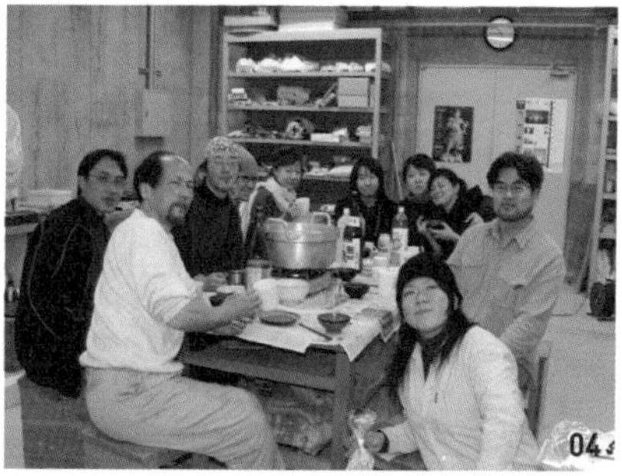

**01** 연화대좌를 처리하기 전의 모습.
**02** 처리를 마친 연화대좌.
**03** 기비조각수복소에서 진행한 도쿄 길상사 인왕상 보존복원 작업 현장.
**04** 마키노 선생님(왼쪽 첫번째)과 학생들.

학에 앞서 꼭 현장 연수를 해보라고 권한다.

2016년, 67세를 맞이하신 마키노 선생님은 40여 년을 불상과 마주한 복원가로서의 삶을 책으로 펴내셨다. 출간기념회 초대장을 받고 기쁜 마음으로 도쿄로 향했다. 아주 오랜만에 뵌 선생님은 변함없이 반갑게 나를 맞아주셨고 기념회가 무르익을 즈음 나는 18년 동안이나 마음에 지니고 있던 궁금증을 풀기 위해 선생님께 여쭤보았다. 당시 연구생 신분으로, 게다가 외국인으로 겨우 기초 실습을 시작했던 나에게 어떻게 대좌와 광배 표면 작업을 맡기셨는지를. 선생님은 대수롭지 않은 듯 "난 자네가 잘할 거라 생각했네"라고 짧게 답해주셨다. 별다른 부연도, 수사도 없는 그 짧은 대답에 담긴 선생님의 마음은 내 마음에 오래 남았다. 믿음이란 곧 기꺼이 믿어주겠다는 의지와 같은 뜻임을 알기에.

# 잘 닦고
# 붙이는 일

일본에서 유학하던 시절 방학 때 잠시 들어왔다가 대학 동창을 만난 적이 있다. 디자인을 전공하고 광고회사에 다니고 있던 친구는 만나자마자 인사랍시고 이런 말을 건네왔다.

"겸아, 오랜만이다. 너 복원 공부한다며? 그거 부서진 것들 닦고 붙이는 그런 거지?"

지금 그 친구를 만나 같은 말을 들었다면 "이런 무식한 자식, 너는 남의 물건 좀 사달라고 대신 부탁하고 다닌다며?" 하면서 웃어넘겼겠지만 당시엔 무척 자존심이 상했다. 만약에 그 친구가 "겸아 너 보존복원을 공부한다며? 그거 말이야, 유물이나 작품 상태를 과학적으로 분석하고 역사적·미적 의미를 해석한 후 복원 방향을 결정하고, 작품과 제거할 오염물의 물성에 따라 오염물만을 제거할 약품이나 방법을 판단하고, 분리된 부분은 작품의 물성과 함께 접착제의 가역성이나 특성에 따라 가능한 한 눈에 띄지 않게 접합하고 유실된 부분 역시 눈에 띄지 않게 복원하되 나중에 제거할 수 있도록 하는 분야 아니야?"라고 물어왔다면 만남이 유쾌하게 시작되었을까? 꿈에도 그럴 가능성은 없다. 위의 대사는 보고 읽기도 힘들다. 사실 표현의 문제이지 실제 복원 작업의 많은 부분이 클리닝(닦기)과 접합 복원(붙이기)인 것은 사실이다.

클리닝은 복원 작업에서 빠지지 않는 과정이다. 작품은 지속적으로 오염물에 노출된다. 그리고 복원 과정은 오염물을 제거하는 것에서부터 시작된다. 오염된 것은 제거하는 게 당연하다고 생각할 수도 있지만, 어떤 경우에는 오염으로 인해 작품에 역사성이 더해지고 고풍스러움이 부여된다고 해석되기도 한다. 그럴 경우 오염은 제거되지 않을 수도 있다.

제거하기로 결정된 오염물은 닦아내기, 녹여내기, 녹여 닦아내기, 긁어내기, 털어내기 등 여러 가지 방법 중에 작품에 가장 부담을 적게 주며 효과적인 방법을 사용해 제거한다. 하지만 이론적으로도, 그리고 실제로도 오염물을 완전히 제거하기란 불가능하다. 오염물이 완전히 제거되었다면 틀림없이 작품의 표면도 일부 닦여나간 걸 의미하기 때문이다. 그래서 표면을 크게 건드리지 않는 선에서 최대한 오염물이 제거되었다 싶을 때 작업은 마무리된다. 기름때를 없앨 때는 기름의 분자 결합 사이로 침투해 그 결합을 잘게 끊어줄 용제를 발라주고 면봉으로 닦아내는데 문제는 그 용제가 그림층까지 녹일 수 있다는 것이다. 실제로 한 유화 보존 교과서에는 전날 사용한 용제를 제대로 처리하지 않고 퇴근한 탓에 중세 패널화의 이미지가 밤새 녹아 흘러내린 사례가 무시무시한 사진과 함께 소개되어 있기도 하다. 그런 순간은 복원가로서 가장 끔찍한 순간일 것이다. 그래서 오래전부터 전문가들은 오염물만을 제거하는 방법을 고심해왔고 이 분야에서 유명한 오리C. V. Horie 박사는 주로 창작이나 복원에 많이 사용되는 접착제나 코팅제, 물감의 바인더에 선택적으로 반응하는 용제들을 정리해놓기도 했다. 그러나 대부분의 바니시varnish(도막 형성을 위해 사용하는 도료)를 녹여낼 수 있는 화이트 스피릿white spirit(페트롤이라고도 불리는, 석유에서 추출한 탄화수소계 용제)은 유화의 희석제로 사용되기도 하므로 조심스럽게 사용하는 수밖에 없다.

선택적인 오염물 제거 방법으로 최근 레이저 클리닝이 각광받고 있지만 이 방식을 사용해도 역시 높은 에너지가 작품 표면에 가해지는 것을 피할 수는 없다. 실제로 청동 표면을 레이저 클리닝했을 경우 드러난 청동 표면에 순식간에 짙은 색의 부식층이 형성되기도 한다. 그나마 반응성이 가장 낮고 안전한 증류수로 클리닝을 끝내고 싶은 마음이 크지만 수용성 재료 역시 무시무시한 결과를 가져올 수 있으므로 간단해 보이는 클리닝이라도 전문가가 하는 것이 중요하다.

복원 작업에서 클리닝 다음으로 자주 하는 것은 떨어지고 깨진 것을 붙이는 일이다. 건물 로비에 설치된 백남준의 작품 〈TV로봇〉의 팔이 떨어졌으니 와서 살펴봐달라는 연락을 받은 적이 있다. 연구원과 서둘러 도착하니 클래식 TV 수상기 여러 대를 붙여 사람의 형상을 한 로봇이 서 있었고 그 옆에는 어깨부터 떨어져나간 팔이 놓여 있었다. 작품 주위에는 철봉으로 만든 보호대가 둘러 있었는데 무심코 지나가던 사람이 보호대에 걸려 넘어지며 작품의 팔을 친 것이다.

손상 부위를 살펴보니 본래 몸통과 어깨를 잇는 부위가 기다란 볼트와 너트로 고정되어 있었는데 충격으로 TV 수상기의 목재가 갈라지며 몸통과 어깨가 분리된 것이었다. 떨어진 팔에도 수상기 두 대가 붙어 있었는데 다행히도 수상기는 브라운관이나 비디오 장치 없이 비어 있는 상태였고 어깨 위로 붙어 있던 유리 오브제도 깨지지 않았다. 상태를 본 후 곧바로 접합 작업에 들어갔다. 본래 볼트를 고정하던 구멍이 바스러져 다시 사용할 수 없는 상태였기에 다른 고정 핀을 삽입할 수 있는 구멍을 만들어주어야만 했다. 볼트 말고도 접착제가 떨어진 자국이 있었으므로 목공용 접착제를 함께 사용했다.

이처럼 입체 작품의 한쪽 팔이 떨어지는 큰 사고에서부터 그림의 얇은 물감층이 갈라져 들뜨는 현상까지, 작품의 일부가 떨어지고 들뜬 경우에는 이를 고정하는 치료가 필요하다. 그런데 이때 전문 복원가가 아닌 사람이 섣불리 치료에 나서게 되면 상황은 더 나빠질 수 있다. 작품의 일부가 떨어진 것을 보면, 게다가 이를 목격한 사람이 손재주가 있거나 일상에서 뭔가 수리해 본 경험이 있는 사람이라면 시중에 파는 접착제나 나사못 같은 것을 구입해 자연스레 잘못된 부분을 고정하려고 한다. 그러나 문제는 그 대상이 작품이나 유물이라는 데 있다. 내 방 의자의 다리를 붙이듯 작품이나 유물을 다루어서는 안 된다는 것은 상식임에도 불구하고 용감하게 떨어진 곳을 붙여놓은 작품은 외형이 변형되거나 시간이 지나면서 여러 가지 문제를 맞닥뜨리게 된다. 잘못 치료된 작품을 다시 치료하려면 처음 손상됐을 때 제대로 치료하는 것보다 더 많은 시간과 비용이 들고, 잘못 고정되거나 부착된 부분을 다시 떼어내는 과정에서 작품에도 더 많은 부담이 간다.

보존복원 교과서에 따르면 손상된 유물을 복원할 때는 이후에도 깨끗이 제거할 수 있는 접착제와 접착 방법을 선택하라고 권한다. 이러한 성질을 가역성reversibility이라고 한다. 이는 복원 작업이 유물의 원형을 침해하거나 변형시키지 않도록, 결과를 작업 전으로 말끔히 되돌릴 수 있도록 하라는 의미다. 그러나 좀 극단적으로 말하자면, 현장에서 유물을 다루는 전문가들에게 가역성을 철저히 고수하라는 것은 그냥 대부분의 작업을 하지 말라는 뜻이다. 혹은 어떤 종류의 작업이라 할지라도 일단은 가역적인 방법이라고 대충 얼버무리란 의미다. 가역성의 원칙을 엄밀하게 따르자면 금속이나 유리를 파라로이드 같은, 용제로 쉽게 녹여낼 수 있는 접착제로 붙이는 정도까지 가야 할 텐데, 실제로 이렇게 작업한 예를 나는 한 번도 본 적이 없다. 특히 나무나 종이처럼 미세한 틈을 가진 조직이라면, 접착제는 그 사이로 스며들 것이고 나중에 다시 쉽게 녹여낼 수 있는 접착제라 하더라도 조직이 상하지 않게 접착제를 모두 제거하는 것은 불가능하다. 더욱이 나중에 제거할 수도 있다는 기준으로 선택한 접착제는 정작 접착력이 약하거나 접착 조건에 맞지 않아 접합이라는 목표에 부합하지 않는 경우도 많다. 그래서 요즘은 가역성이라는 용어를 잘 사용하지는 않으며 단지 접착제나 접착 방법을 찾을 때 작품의 재질에 부담이 가지 않고 쉽게 변하지 않으면서 외형적으로 쉽게 표시 나지 않는 방식을 찾으려 고민하고 그런 기준에 맞춰 판단한다.

어렵다. 잘 닦고 붙이는 일이. 가끔은 결국 이 모든 복원 작업 과정이 도달하기 힘든 어떤 균형점을 향한 수양이란 생각까지 들기도 한다. 오염물을 닦아내되 작품까지 해쳐서는 안 된다. 떨어진 것을 붙이되 언제든 되돌릴 수 있게 각 부분의 독립성을 존중해야 한다. 하지만 현실에서 '붙는다'는 것은 어느 정도의 화학 반응이 있어야 하기 때문에 가역성을 조금 희생하는 것은 어쩔 수 없다. 서로를 해치지 않으면서도 떨어지지 않고 함께 붙어 있을 수 있는, 그 공존의 지점은 어디인가?

돌이켜보니 친구가 건넨 인사말에 마음이 상했던 이유는 그의 표현 때문이었다기보다는 그때 내가 잘 닦고 붙이는 것을 미처 다 배우고 익히지 못했기 때문이었다는 생각이 든다. 지금도 닦고 붙이는 작업 하나하나가 내게는 배움의 연속이다. 누군가 복원가를 닦고 붙이는 일 하는 사람 아니냐고 묻는다면 이제 나는 이렇게 말할 것이다.

"아직 10년은 더 해야지요. 그때 가면 닦고 붙이는 일을 잘하게 될지 모르겠습니다."

# 보존복원에 왜 화학 공부가 필요할까?

나는 예술학을 전공했고, 대학원에서도 서양미술사를 전공한 탓에 화학을 학문적으로 공부한 적이 없었다. 졸업 후 호암미술관 보존실에 취직했을 때에도 전문적인 공부를 한 것이 아니기 때문에 선배들의 작업을 보거나 다양한 작품을 대하면서 물질의 특성을 이해한 것이 전부였다. 그런데 유학을 가자마자 보존학과에서 가장 강조한 것은 화학이었다.

보존복원가가 다루는 유물이나 작품은 모두 손으로 만질 수 있는 물질로 구성되어 있다. 그래서 유물을 치료하고 돌보는 행위는 유물을 이루는 물질이 무엇이며 그것이 어떻게 변하는지를 이해하는 데서 출발한다. 물질의 특성과 변화를 규명하는 학문이 화학이므로 화학을 알지 못하는 복원가는 인간의 몸을 이해하는 학문인 생리학이나 약리학을 공부하지 않은 의사와 같다. 그러니 내가 화학을 공부하지 않고 보존복원을 하던 때는 어설프게 의사 흉내를 내던 시기인 셈이다.

일본과 영국으로 유학을 가서 느낀 것은 화학이 보존을 하는 데 가장 기본적인 학문이라는 것이다. 단순한 과제에서부터 논문, 프레젠테이션까지 전달해야 하는 내용 대부분이 유물의 변화, 손상에 관한 진단과 원인 분석에서 시작되는데, 이때 화학은 기본적인 문법 같은 것이었다. 그러니 여러 현상을 진단하고 이해한 후 전달하려면 문법을 활용해야만 했다.

현재 나는 대학에서 화학을 가르치고 있다. 배우는 입장에서 화학은 암기만 잘하면 된다는 생각이 강했는데 가르치는 입장이 되고 보니 화학이야말로 원리를 이해하고 깨우치는 학문이지, 외우는 학문이 아님을 알게 되었다. 처음 화학을 가르치던 때 야외 청동 조형물에 관한 논문을 준비하던 대학원생을 지도한 적이 있다. 그리고 그때 겪은 한 사건이 이후 수업 방식을 모두 바꾸어버렸다. 그는 논문에서 내가 이전에 쓴 소논문을 많이 인용하고 있었다. 내가 썼던 소논문은 산성비에 의한 청동 조형물의 피해에 관한 것이었다. 나는 문맥상 인용이 적절한지 확인해보려고 그에게 산성비가 어떻게 조형물의 표면을 변화시키는지 그 메커니즘을 물어보았다. 그런데 그가 한참 동안 입을 떼지 못하기에 너무 포괄적인 질문을 했나 싶어 "산성비가 무엇인가요?"라고 물었지만 이 질문에도 대답을 듣지 못했다. 잠시 후 마지막으로 "산성이 무엇이죠?"라고 물었으나 결국 학생에게선 아무런 답도 듣지 못했다. 이제 나는 화학 수업에서 학생들이 기초를 제대로 이해하고 있지 못하다고 느끼면 진도를 잘 나가지 않는다. 학생들이 충분히 이해하지 못했는데 기계적으로 진도를 나가는 것은 옳지 않다는 생각이 들었기 때문이다.

고대 그리스 철학자들은 현상의 근원이 물이나 불같이 현실에서 확인할 수 있는 물질에 있다고 생각했다. 이후 아주 작은 미시 세계나 우주 같은 거시 세계에 이전에는 상상도 못했던 새로운 세상이 있음을 알게 되면서 물질의 근원이라면 적어도 쉽게 발견되거나 볼 수 없는 아주 작은 입자 같은 것이 아닐까 가정하게 되었다. 아이들이 부모의 모습을 닮듯 입자의 세계는 우주의 모습을 닮아 있을 거라는 개념은 지금까지도 원자의 세계를 마치 태양계처럼 생각하고 그렇게 그리도록 하고 있다. 핵이라는 큰 입자가 태양처럼 중심에 있고 행성에 해당하는 전자들이 일정한 궤도에서 빙글빙글 도는 그림은, 사실과는 관계없이 기본적인 물질의 법칙을 이해하고 설명하는 데 꽤 편한 면이 있다.

물질을 이루고 있는 입자인 전자와 광자들은 이리저리 움직이며 끊임없이 에너지를 주고받는다. 그 과정에서 두 입자가 결합하기도 하고 끊어지기도 한다. 두 입자 간의 거리가 가까워지면서 기체가 액체로, 또 고체로 변해 나뭇잎이 되기도 하고 단단한 금속 덩어리가 되기도 한다. 또한 탄소 여섯 개가 동그랗게 손을 잡고 남은 손에 산소나 수소를 들고 있는 글루코오스라는 분자들이 산소를 가운데 두고 길게 늘어서서 셀룰로오스라는 고분자 형태를 갖추면 식물의 기본 뼈대가 되기도 하고, 종이의 기본 구조가 되기도 한다. 그렇다면 종이가 오래되어 누렇게 변하거나 부스러지는 증상은 대체 왜 생겨나는 것일까? 글루코오스를 잇고 있는 산소 결합(에테르 결합)이 끊어지는 질병에 걸리면 그 증상이 황변으로 나타나기도 하고, 더 심할 경우 부스러짐으로 나타나기도 한다. 그래서 누렇게 변색되어 부러진 종이 작품이 있는데 만일 이를 치료하는 사람이 부러진 부분을 찢어진 것으로 잘못 이해하고 눈에 띄지 않게 감쪽같이 붙여 돌려준다면, 이는 폐렴으로 기침이 심한 환자에게 기침을 멈추게 하는 약만 주고 집으로 돌려보내는 것과 같다. 종이의 경우는 수소이온(프로톤)을 제거하는 탈산 처리를 통해 병의 원인을 치료한 후 끊어진 면을 이어 외형을 복원해야 한다.

주로 빨갛게 부식되어 녹물이 흐르거나 가루로 부스러지는 철의 경우, 부식을 막는 작업을 '방청'이라고 한다. 철을 포함한 금속은 금속 원소들이 전자를 공유하는 금속 결합으로 이루어져 있다. 이는 자유 전자라고 불리는 아이들을 마을 전체에서 함께 키우는 형상인데 자유롭게 이집 저집을 돌아다니는 아이들(전자) 덕분에 마을 전체의 유대가 돈독해 금속은 잘 깨지거나 분해되지 않는다. 또한 아이들이 이리저리 다니면서 발생하는 에너지로 인해 금속은 전기를 통하거나 열을 잘 전달하는 성질을 갖기도 한다. 문제는 가장 표면 쪽에 위치한 철 원소들인데 아이들이 집을 비운 사이에 원소들은 거대한 철 덩어리에서 떨어져 독립한다. 이온화라고 하는 이 현상이 우리가 경험하는 금속 부식의 첫 단계다. 마을에서 떨어져나온 철 이온들은 가장 바깥 표면에 옹기종기 모여 있게 되고 아이들, 즉 전자가 없는 빈틈을 노린 산소, 수산화기, 염소, 황 등의 원소들이 공기 중에 있다가 철 이온에 접근하여 결합한다. 이때 이들을 철 이온까지 닿게 하고, 결합 후 철 덩어리로부터 완전히 떨어져나오게 하는 것이 물(습기, 전해질)이다.

다시 정리하면 철이 부식되려면 철 원소의 이온화, 이들과 결합해 부식물을 만드는 공기 중 원소들, 이들을 이동시키는 물이 모두 있어야 한다. 그러니 방청을 하려면 공기 중 원소들이 철 이온과 만나지 못하게 하면 된다. 코팅이나 도색으로 바리케이드를 쳐놓거나 이온화된 철 원소가 부식물을 만드는 원소들과 만나기 전에 인위적으로 다른 원소를 먼저 결합시켜버리는 것이다. 아니면 서로 만나지 못하게 물을 바짝 말려도 녹이 슬지 않는다(철의 경우 상대습도를 18퍼센트 이하로, 동의 경우는 40퍼센트 이하로 낮추면 녹슬지 않는다). 이런 식으로 이해하면 상황에 따라

알맞은 방청 방법을 선택할 수도 있고 방청이 실패했을 경우 그 원인도 쉽게 찾아낼 수 있다.

하지만 부식의 가장 근본적인 원인은 금속 자체가 이온화되려는 본성을 지니고 있다는 데 있다. 우리가 제거하려는 녹 덩어리는 처음 금속이 광물로 채취되었을 때 모습과 닮아 있다. 그러니 금속이 부식되는 것은 자연의 섭리이며, 방청은 인간의 필요에 의해 자연스럽지 않은 상태를 유지하는 것이다. 화학은 이렇듯 물질의 변화는 섭리이며 이는 곧 엔트로피가 증가하는 방향을 향하고 있음을 알려준다. 어쩌면 보존이란 물질의 자연스러운 섭리에 반하는 인간의 필요와 욕망 때문에 행하는 행위 이상의 의미는 갖기 힘든 게 아닌가 싶다.

재료에 대한 기본 지식을 아는 것은 보존복원의 기본이자 필수 요소다. 그리고 재료에 대한 기본 지식이 있어도 실제로 이를 적용해보고 관찰한 임상 경험이 부족하다면 현장에서의 작업이 쉽지 않은 분야가 복원이다. 결국 수많은 임상 경험을 통해 명의로 거듭나듯, 복원가 또한 끊임없이 현장에서 기술을 연마해야 한다. 쉽지 않은 길이지만, 현장의 오묘함 속에서 느끼는 기쁨이 복원가에게 돌아오는 보답이다.

# 외벽 복원만 70년이 걸린다고?

일본에서 목조보존 연구과정을 마친 후 좀더 다양한 미술작품의 재료와 보존 처리 방법을 배우고자 영국으로 배움터를 옮겼다. 다행히 장학생에 선발되어 학교 공부에만 전념하는 행운을 누릴 수 있었다. 영국 드몽포르 대학의 대학원 2학년 수업에는 현장 실습 과정이 있었다. 나는 링컨 대성당 복원 팀에서 일하게 됐다.

웅장한 중세 성당 안을 구석구석 돌아다니는 것은 참으로 희귀한 경험이었다. 성당 전체가 돌로 되어 있을 것처럼 보였는데, 아치형 천장 구조물 위로 올라가니 어마어마한 나무 구조물이 얽혀 있고 그 위로 납 지붕이 얹혀 있는 것을 볼 수 있었다. 영국 문화재청에 해당하는 잉글리시 헤리티지 산하의 성당 복원 팀은 손상이 심한 석조를 모각하고 교체하는 석조 팀, 스테인드글라스를 복원하는 스테인드글라스 팀, 그리고 성당 내·외부의 조각을 복원하는 복원 팀 이렇게 세 부서로 나뉘어 있다. 내가 연수를 받았던 복원 팀은 다섯 명 정도로 구성됐는데, 나는 현장 작업을 하는 두 분의 전문가들과 함께 있었다. 그중 내 교육을 담당했던 릭 선배와는 이야기도 많이 나눴고 이따금 작업을 마치고 함께 펍에서 맥주를 마시기도 했다. 릭은 복원학교를 졸업하고서 이곳에 취업을 했고 여기에서 정년까지 일하게 될 것 같다고 했다. 서양 건축을 다룬 책에 어김없이 등장하는 링컨 대성당은 11세기 후반에 지어진 건축물로 끊임없이 증축과 개축이 이어져온 현재, 영국에서 가장 오랜 전통과 규모를 자랑하는 성당 중 하나다. 문화재로 지정된 이 성당의 복원 작업은 1년 365일 계속 이어지고 있다. 릭은 성당 외벽을 한 바퀴 돌며 복원하는 데만 70년이 걸린다며 아무래도 자신이 퇴직할 때까지 처음 작업을 시작한 곳으로 돌아오지 못할 것 같다면서 웃었다.

문화 선진국에서 보존복원은 일회성 작업이나 연례행사가 아니라 꾸준한 돌봄과 치료를 뜻한다는 것을 체감한 순간이었다. 또 그들은 끊임없이 새로운 복원 방법을 적용해나갔다. 복원 방법도 시대나 기술 발전에 따라 달라지기 때문이다. 링컨 대성당에서도 1970년대까지 시멘트로 복원된 부분을 2000년

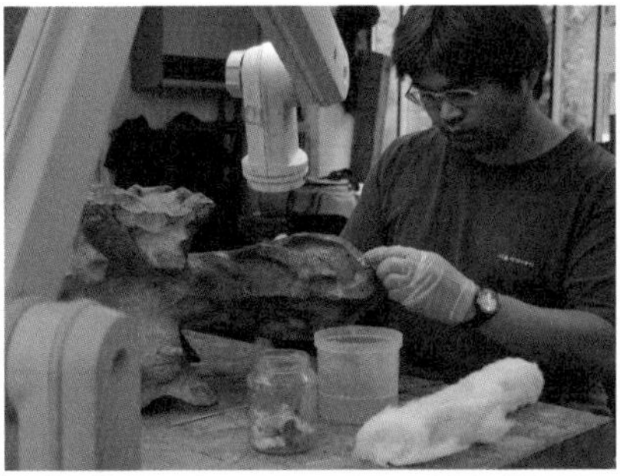
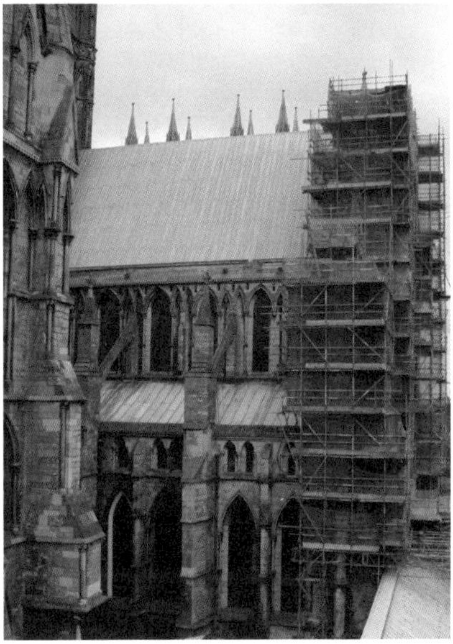
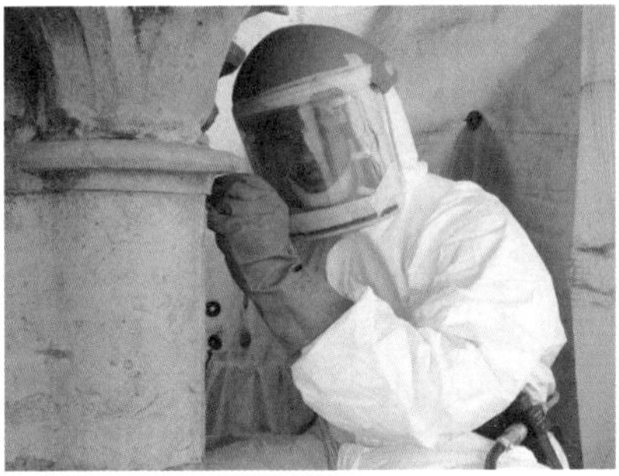

링컨 대성당 복원 현장.
실내와 실외를 오가며 성당을 복원했다.

대에 모두 제거하고 석회 퍼티로 교체하는 작업을 진행하고 있었다. 복원 사업이 시작되면 복원이 잘못됐느니 문제가 있느니 하며 성급한 비난의 목소리만 높은 우리의 현실이 자연스레 겹쳤다.

성당 작업 중 가장 힘들었던 것은 약 50미터 위 작업현장까지 좁고 꼬불꼬불한 돌계단을 오르내리는 일이었다(첨탑까지 높이는 직선거리가 150미터 정도다). 아침에 올라가 점심 때 잠시 내려왔다 올라가고 또 세시쯤 휴식 시간에 내려왔다가 다시 올라가야 한다. 도시락을 싸오니까 점심은 내려오지 않고 현장에서 먹어도 될 것 같고, 휴식 시간에도 그냥 위 작업공간에 앉아 있어도 좋으련만 규정이 그렇다고 하니 꼼짝없이 하루에 세 번씩 오르내려야만 한다. 더군다나 나는 단지 체험을 해봤을 뿐이지만 거기서 일하는 사람들은 그 작업을 평생 해야 한다고 생각하니 그곳 복원 팀이 대단하다는 생각이 들었다.

4개월이 채 안 되는 짧은 기간이었지만 스태프들은 그곳의 거의 모든 작업 과정을 경험하게 해주었고 실제로 나는 성당 부속 조각물 몇 가지를 전담해 작업했다. 그중 예수님의 얼굴 조각은 성당 내 복원 관련 전시 공간에 전시되었다.

내가 실습하던 당시는 2002년 월드컵 기간이었다. 나는 20층 높이의 성당 벽면 작업중에 한국 대 이탈리아 경기 중계를 BBC 라디오로 들었고, 골이 터질 때마다 혼자 환호성을 질렀다. 50미터 위에서 축구 중계를 들으며 고단함을 잊었던 그곳을 2015년 가족과 함께 다시 찾았다. 복원 전시장에는 내가 작업한 예수님의 얼굴 조각이 여전히 전시되어 있었다. 함께 갔던 딸아이에게 아빠가 복원한 작품이라 일러주었다. 당시에는 존재하지 않았던 딸과 그곳을 다시 찾은 기분이 무척 묘했다. 웅장한 대성당 소예배당 한가운데에는 2002년 작업 당시 휴식 시간에 치곤 했던 그랜드 피아노가 여전히 자리를 지키고 있었다.

# 숭례문 복원과 링컨 대성당 복원

1311년에 완공된 영국 링컨 대성당은 자체 복원 팀에서 매일 복원을 하고 있으며 성당 전체를 한 번 손보는 데 70년이 걸린다. 그리고 이후 다시 그 과정을 반복한다. 유럽 문화 선진국의 오래된 건축 유물들은 대부분 이러한 관리를 받고 있다. 그렇다면 목재도 아니고 석재로 지어진 비교적 튼튼한 성당을 왜 매일 관리하고 복원하는 것일까.

이렇게 한번 생각해보자. 매일 청소를 하는 집이 있고, 한 달에 한 번 청소를 하는 집이 있다고 하자. 두 집을 두고 옳고 그름을 이야기하기는 어려울 것이다. 그건 옳고 그름의 문제가 아니라 청결도나 취향의 문제이기 때문이다. 그러나 두 집을 방문해보면 그 차이는 확연히 드러난다. 이른바 문화 선진국에서 보존은 '치료'가 아닌 '돌봄'에서 시작한다. 꾸준히 돌보는 과정에서 발견되는 문제들을 해결해나가는 것이다. 이런 관점에서 숭례문을 비롯한 국내 문화유산 관리 방식을 보면 사고가 났을 때만, 혹은 행사를 앞두고서만 급하게 청소하는 이웃집을 보는 것 같다. 매일 청소하자니 번거롭고 필요 이상의 힘을 쓰는 것처럼 느껴질 수 있다. 특별한 일이 있을 때만 수습하고 정리하는 것 또한 인정해야 할 각자의 방식이라 여길 수도 있겠다. 하지만 정기적으로 살피고 정리하며 필요에 따라 고치며 사는 것이 좀더 낫지 않을까.

1398년태조 7에 완공된, 서울 4대문 중 하나인 숭례문이 2008년 2월 어이없는 방화 사건으로 이틀에 걸쳐 거의 전소되다시피 했다. 그리고 2010년 복원 공사를 시작해 2013년 복구되어 현재의 모습이 되었다.

빠르게 변화하고 성장해온 한국 사회는 숭례문 복원이나 경복궁 이전 문제 또한 빠르게 판단하고 곧장 실행에 옮겼다. 이 과정에서 발견되는 오류와, 완료 후에 드러나는 문제도 빠르게 정리하고 수정한다. 이 방식에는 석연치 않은 점이 있다. 역사나 문화는 오랜 시간에 걸쳐 만들어진다. 문화유산은 지금 우리만의 전유물이 아니라 이 땅에 살았던 조상에게 물려받아 후손에게 잘 전달해야 하는, 잠시 맡아둔 유산이다. 쉽사리 판단하고 서둘러야 할 이유가 있다면 이는 당장의 복원 공사로 이득을 보

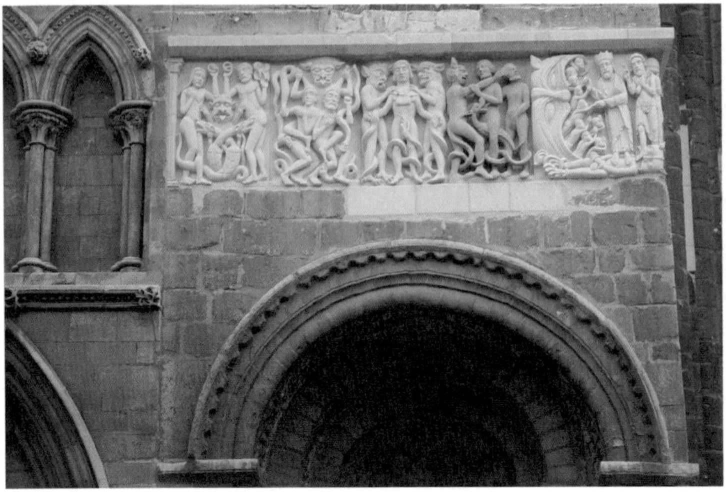

복원된 영국 링컨 대성당의 모습.
인위적인 색맞춤을 하지 않고 오래된 옛 부조 옆에 하얀 새 부조를 나란히 두었다.
지금은 이질적으로 보일지 모르지만 시간이 흐르면 차차 자연스럽게 색이 바래
결국은 사이좋게 비슷한 고색을 띠게 되리란 생각에서다.

는 소수의 사람들에게 해당될 뿐이다.

영국에서 생활하면서 종종 목격한, 우리나라에서는 보기 힘든 낯선 장면이 하나 있다. 길을 가던 사람들이 노숙자와 대화를 나누고 있는 모습이다. 그들은 평소 노숙자와 알고 지내던 사이도 아닌, 정말 우연히 그곳을 지나던 행인이다. 나누는 이야기도 얼핏 들어보면 "어디서 왔나요? 생활은 어떻게 하세요? 가족은?" 등 안부를 묻는 정도였다. 링컨 대성당 복원실에서 연수를 받으며 성당에 있는 거대한 대리석 석관을 혼자서 클리닝하게 되었다. 작업 당시 그 옆을 지나던 방문객들이 "무얼 하고 있나요? 클리닝은 어떤 방법으로 하는 건가요?" 등 질문을 어찌나 많이 하던지 작업하기가 힘들 정도였다. 그럴 때마다 같이 일하는 선배들은 할 수 있는 대답을 해주면서 작업을 해나갔다. 당시 나는 영국인들은 참 호기심도 많고 궁금하면 거리낌없이 묻는 국민성을 지녔나보다 생각했는데, 아니나다를까 '성당 전면 조각 일부를 교체했는데 그것이 다 완결된 것인가요?'라는 민원 질문이 꾸준히 보존 팀 사무실로 들어오고 있었다. 수백 년 동안 황변과 먼지 등으로 짙게 변한 주위 돌벽들과, 새로 깎아 집어넣은 새하얀 사암의 질감은 내가 보아도 어울리지는 않았다. 한국에서 같은 상황이 벌어졌다면 "누가 일을 하다 말고 갔어?"라며 심한 질책을 받을 일이다. 나도 궁금해서 어떻게 답변하느냐고 물어보니 팀장 릭의 대답은 이러했다.

"사암을 새로 조각하여 넣었으니 지금은 하얗고 깔끔하지만 한 100년 정도 지나면 결국 같아집니다. 지금 당장 어울리게 색 맞춤을 하면 원래 석재와 새것이 서로 다른 방향으로 변해버려 나중에 오히려 더 이상해질 수도 있습니다."

민원에 대한 답변도 동일했고 적어도 함께 있던 두 달 동안 더이상의 질문은 들어오지 않았다.

우리나라에서는 복원 공사 종료 시점의 모습이 중요하므로 작업이 끝나면 비계구조물 등 공사 시설을 다 치우고 복원 공사 책임자, 발주자, 문화재위원 등이 함께 결과물을 둘러본 후 복원을 완결짓는다. 복원 처리 보고서에는 복원 전 모습과 완결된 사진이 모두 실리며 그 완결 사진은 일반인의 눈으로 보았을 때 통일되고 깨끗한 상태여야 한다. 숭례문 복원 공사 후 목재의 균열, 특히 단청의 떨어짐(박락剝落)이 화제가 되었는데 애당초 그런 문제가 발생하리란 것은 관련 분야 사람이라면 모두 예견하던 터다. 목재 건조 문제도 그렇고, 전통적인 방법으로 진행한 석채石彩, 광물질 전통 안료 단청도 마찬가지다. 충분히 시간을 들여야 하는 일인데, 주어진 공사 기간은 단 3년이었다. 그럼에도 무리하게 공사가 진행된 것은 완료 시점에 보일 외관이 중요했기 때문이다. 영국에서 같은 복원 공사가 진행되었다면 아마 지금까지도 공사중이지 않을까? 아직 재현되지도, 검증되지도 못한 전통 기법이 문제라면 그 부분만 남겨두고 일반에 공개하는 방법도 있다. 우리 민족과 수백 년의 세월을 함께 숨쉬어온 유물들이 새 단장을 하는데 수십 년 정도 못 기다려줄 것인가.

유물을 복원한다는 것은 복원이 끝난 후 드러나는 결과물을 눈으로 확인하는 일이기도 하지만, 복원 과정을 통해 전통 기술을 전승한다는 의미도 깊다. 일본에서 3세기 말쯤 처음으로 지어졌다는 목조 신궁 이세신궁은 20년 주기로 해체하고 다시 조립하여 짓는다. 그들은 막대한 비용과 열정을 쏟아부어가며 현재까지 이 작업을 60회 이상 이어오고 있다. 이를 고집스럽게 반복하고 지켜가는 이유는 옛것이 무조건 뛰어나서가 아니라 우리가 어디서 왔고 어디로 가야 하는지 잊지 않고 기억하기 위해서다.

서울 중심부에는 수백 년 전 궁궐 건축물이 아직도 터를 지키고 있다. 문화재와 함께 산다는 것은 우리가 역사 속에 살고 있다는 경험을 가능하게 한다. 꾸준한 문화 정책은 문화유산과 함께 사는 환경 속에서 나올 수 있다. 마치 직접 부모님을 모시고 살면 노인 문제나 노후 복지 정책의 중요성을 체감하고 이것을 나의 문제로 받아들이기가 더 쉬운 것과 같다. 작품이든 유물이든 물려받은 것은 잘 유지하고 관리하는 행위가 뒤따를 때 그 가치도 더욱 빛난다. 문화유산을 돌보지 않고 관리하지 않는 것은 연로하신 부모님을 모시고 살면서 목욕조차 시켜드리지 않고 건강도 보살피지 않는 것과 같다. 보존은 문화유산의 건강과 그 본연의 모습을 잘 유지하기 위해 하는 모든 활동이며 복원은 손상된 유물을 새것처럼 깨끗하게 복구하는 것이 아니라, 그 유물이 건강하게 잘 살아왔다면 현재 어떠한 모습일까를 생각하며 유물의 자연스러운 모습과 건강을 되찾아주는 일이다.

# 작은 유물 조각에 담긴 이야기

'피아노가 있는 미술 이야기' 강연을 시작한 지 어느덧 여러 해가 흘렀다. 2011년에 시작한 이 강연은 원시 동굴벽화부터 최신 미술의 흐름까지 다양한 미술 이야기를 다룬다. 각 시대의 미술 이야기를 할 때마다 나는 동시대의 음악을 피아노로 연주하며 함께 들려준다. 예술사조나 예술가와 작품에 얽힌 에피소드보다는 왜 그 시대에 그러한 표현의 작품들이 나오게 됐는가를 이야기로 풀어낸다. 청중에게 예술의 즐거움을 전달하고픈 마음에서 시작한 강연이라 피아노 연주뿐 아니라 연극적인 대사나 몸짓을 더하기도 한다. 그래서 '피아노가 있는 미술 이야기'는 강연이기도 하지만 청중과 함께 웃고 대화도 하며 즐길 수 있는 공연이기도 하다. 나는 강연 내내 주석이나 참고문헌 없이 역사적 사실에 기반한 내 생각들을 이어간다.

국내 대학원에서 미술사를 전공하며 논문 지도를 받을 때 나는 참고문헌과 주석을 정리하는 방법을 배우는 데 많은 시간을 들여야만 했다. 그러는 사이에 주석 없는 미술사 서술은 가치 없는 것, 해서는 안 될 일이라는 자기 검열이 생겼다. 학교 다니는 내내 이러한 틀에 갇혀 있다보니 예술작품을 감상하고 창작할 때마저도 자연스레 이러한 사고가 작용했다. 때로는 미술 비평을 읽는 것이 오히려 작품 감상을 어렵게 하기도 한다. 감상자가 비평문과 작품을 동일시할 때 그런 현상이 일어난다. 비평에 인용된 프랑스 후기구조주의 이론을 이해하지 못하면 작품을 제대로 볼 수 없다는 절망감을 심어주는 격이랄까. 그런 절망감이 결국 라캉 책을 덮게 하는 동시에 미술관으로 향하는 발길도 자연스레 끊게 한다.

그런데 정말 예술가들이 모두 그 복잡한 이론을 바탕으로 어렵게 창작하고 심각하게 살았던 걸까? 하루 일을 마치고 침대에 누워 듣는 가요의 선율과, 달력 속 이국의 풍경화는 예술작품이 될 수 없는 걸까? 미술작품이 좋아 무작정 미술 이론을 공부하던 나는 작품을 우습게 보면 안 된다는 호통을 듣고 그만 작품을 보는 마음까지 뻣뻣하게 굳어버렸다. 그렇게 굳어 있던 마음의 기합이 풀린 것은 영국에서 미술사 수업 과제를 준비하면서였다.

1학년 2학기 미술사를 담당한 존 로드 교수님은 흰 수염이 가슴까지 덥수룩한데다 두꺼운 안경을 쓴, 그야말로 '미술사 교수님'이었다. 슬라이드 화면과 칠판 필기로 시작된 수업은 익숙한 미술 양식사 수업이었으나 학기가 시작되고 나서 몇 주 후부터 그간 익숙했던 미술사 수업과는 다른 면모를 보이기 시작했다. 그날 수업은 문양과 기법에 관한 것이었는데 관련 내용을 설명하시던 교수님이 갑자기 학교 밖으로 학생들을 데리고 나가더니 돌덩어리 하나를 주워오셔서는 직접 정을 사용해 망치질을 하기 시작했다. 정을 사용해서 생긴 문양과 자국을 보여주기 위해서였다. 이후에도 교수님의 수업은 이런 식으로 계속됐다. 단순히 교과서를 보고 미술사를 습득하고 외우는 게 아니라 직접 그것들을 느껴보는 게 중요하다고 강조하셨다. 결정적으로 교수님이 내주신 중간 리포트는 예술을 바라보는 태도와 학문에 대한 나의 개념을 근원적으로 바꿔놓은 '사건'이었다.

교수님은 우선 학생들에게 18세기 지방 귀족의 공예품 구입 영수증 조각을 나누어주셨다. 그러고는 그 작품의 정보를 찾아오라는 다소 황당한 주문을 하셨다. 리포트는 그 과정을 기술하는 것이었다. 실제 손으로 쓴 당시의 가계부를 복사한 종잇조각은 학생들에게 배분하기 위해 손가락 두 마디 정도 길이로 잘라낸 것이었다. 당시 나는 주위 영국인 학생들의 눈치를 살피는 것 외엔 할 수 있는 것이 없었다. 결국 친구들의 도움으로 나는

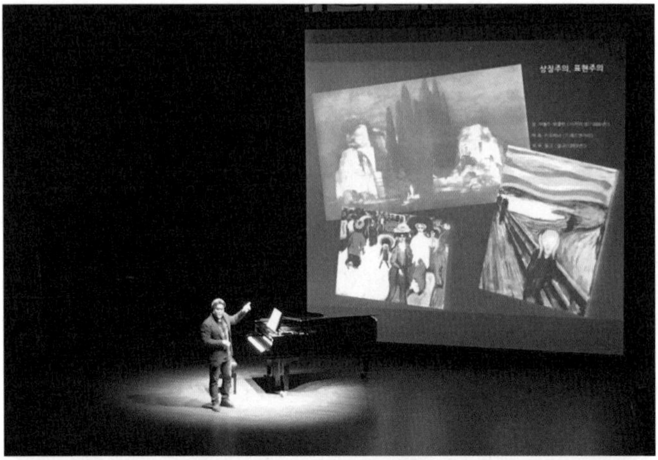


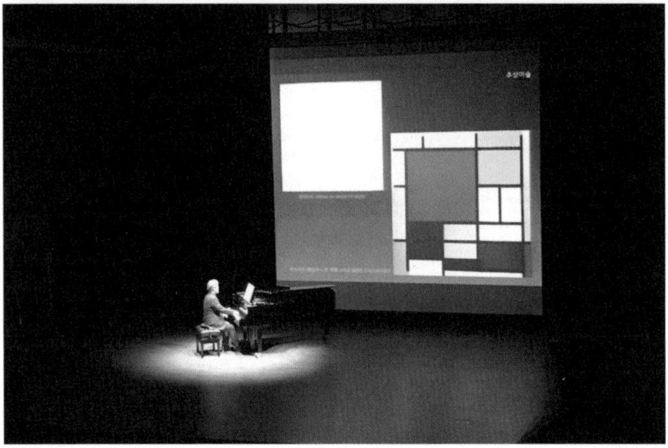

‘피아노가 있는 미술 이야기’ 강연.

이 종잇조각이 영국 중동부 자료관East midlands archive(영국에는 지역별로 아주 사소한 자료라도 편집증적으로 다 모아놓은 자료관들이 있다)의 기록을 복사한 것임을 확인하고, 자료관을 찾아가 원본을 확인했다. 그다음으로는 그 귀족이 살았던 지역을 확인하고, 그 지역에 공예품을 공급했던 공방의 기록 등을 차례로 찾아들어갔다. 그러한 과정을 거쳐 18세기 당시 영국 중동부에서 유행했던 미술 양식과 가계부에 기록된 가격에 부합하는 공예품의 사진을 붙이고, 그것을 선택한 이유를 적어 리포트를 완성했다. 이 과제의 의도는 사소한 정보 하나에서 출발한 의문이 어떻게 역사, 미술사라는 장대한 이야기로 기술되는가 하는 과정을 직접 체험하게 하는 것이었다.

나는 이전까지 누군가가 잘 정리해서 써놓은 미술사 책이나 논문을 읽기만 했지, 박물관이나 미술관에 있는 작은 유물 조각들이 어떻게 짜맞추어져 미술사의 재료로 가공되는지에 대해서는 생각해본 적도, 그 과정을 경험해본 적도 없었다. 이때의 경험으로 나는 이전에 무조건 읽고 외운 미술사 연표의 인물, 사건, 작품을 살아 움직이는 생생한 사건으로 다시 바라보게 됐다.

300년 전 고어로 된 영수증 하나에서 시작해 역사를 재구성해가는 길은, 어쩌면 보이지 않는 우리 미래의 길을 찾아가는 여정과 닮아 있다. 교육이란 이미 그려진 그림 위에 습자지를 대고 그리듯 정해진 길을 따라가는 것이 아니라 걷는 방법과 길을 찾는 방법만 알려주고 각자가 목표한 곳을 향해 걸어가도록 하는 것이다. 또한 배우는 일이란 앞으로 펼쳐질 수천 수만 가지 경우의 수를 상상하고 예측하는 것임을 존 교수님은 과제 하나로 가르쳐주셨다. 이때부터 나에게는 미술사를 비롯해 어떤 분야의 자료를 접할 때건 그 이면에 깔린 원리나 저자의 입장을 생각하는 버릇이 생겨났고, 비로소 나는 권위자의 입을 빌리지 않고 나의 입장과 해석을 담아 이야기할 수 있게 되었다.

내가 지금 대안적인 삶의 다양한 방법을 상상하고 실천해보며 살고 있는 것도, '피아노가 있는 미술 이야기'가 기존 미술사 강연과 다른 독특한 해석과 전개 방식을 갖게 된 것도 이때의 경험이 밑거름이 되었다고 생각한다. 이야기는 나의 목소리를 찾는 데서 시작된다.

# 2부

# 작품을 치료하는 의사

## 나의 복원 이야기

# 작품을 치료하는 의사

작품을 아이에 비유하자면 작가는 창조주 혹은 그 아이를 낳은 부모라 할 수 있다. 아이를 낳는 것과 치료는 전혀 별개의 문제이듯, 아이가 아프면 간혹 간단히 집에서 치료하기도 하지만 대체로는 의사나 병원을 찾는다. 보존복원도 마찬가지다. 간혹 문제가 생긴 작품은 작가가 손을 보기도 하지만 대부분 작가가 복원을 하게 되면 손상된 부분을 다시 '만드는' 재창조의 과정을 거치게 된다. 예를 들어, 미술관에서 그림을 구입했는데 여러 해가 지난 후 손상이 발생했다고 하자. 이를 작가에게 맡겨 작가가 그 위에 덧칠해버린다면 그것을 구입한 당시의 작품이라고 할 수 있을까? 그건 새로운 개념이 추가된 새로운 작품이라 해야 할 것이다.

작가가 자신의 작품을 치료할 수 없는 이유는 작품의 제작 방법과 치료 방법은 근본적으로 다르기 때문이다. 작가가 손상 부위를 다시 그릴 경우에는 작품이 달라질 뿐만 아니라 손상의 근원을 해결하지 않고 외형만을 손보기 때문에 상처가 속에서 계속 곪거나 나중에 더 큰 문제가 생길 수 있다. 충치가 생겼는데 신경치료를 하지 않고 위에다 새 보철만 씌우면 다시 충치가 생기는 것과 같은 원리다. 사람이든 작품이든 물질 안에서 생긴 근본적인 변화를 치료하지 못하면 상처는 재발할 수밖에 없다.

사람마다 체질이 다 다르듯이 작가가 재료를 다루는 방법과 작품이 살아온 환경은 모두 다르다. 그래서 일괄적으로 공식화된 치료법을 적용할 수 없다. 보존복원 관련 교과서에 실린 '잘못된 작업으로 손상된 작품' 사례 사진을 보면 쉽사리 작품에 손을 댈 용기가 생기지 않을 것이다. 연구소에서 코팅제를 만들 때 분명히 똑같은 재료를 같은 비율로 섞어 같은 시간, 같은 방법으로 만들었는데도 결과가 다 다른 걸 볼 수 있다. 왁스를 분자 단위로 분쇄해 크림처럼 만들 때에도 세라믹 용기 안에 세라믹 공을 넣어 돌리는데 세라믹 공의 개수와 무게, 용기 안에서 왁스들이 식어가는 속도, 작업하는 날의 습도 등에 따라 결과물이 미세하게 달라진다.

복원에 사용하는 재료 중 특히 화학약품들은 상황에 따라 약이 되기도 하지만 독이 되기도 한다. 작품 표면을 닦아내기 위해 사용하는 유기용제가 작품면도 함께 녹여버릴 수 있고 부스러지는 물질을 굳히기 위해 가하는 접착 성분이 오히려 분해를 촉진할 수도 있다. 예를 들어 만일 이한열 열사의 운동화 밑창을 굳히기 위한 접착제 용제로 아세톤을 사용하면, 밑창을 굳히는 게 아니라 완전히 녹여버리게 된다. 재료에 대한 기본 지식을 갖추고 있어도 실제로 사용하고 관찰해본 임상 경험이 부족하면 현장에서 작업을 진행하기가 쉽지 않다. 의사 면허가 있다고 해서 금방 수술 칼을 잡을 수 없는 것과 같은 원리다.

간혹 보존 말고 직접 작품 창작도 하느냐는 질문을 받지만 대부분의 복원가는 작품을 만들지 못한다. 복원 작업을 하다가 창작욕이 일어도 이미 몸이 치료자로 고정되어 있어 창작을 하기가 어렵다. 치료를 하며 좋은 작품들을 많이 보아온 터라 창작을 시도하다가도 내 솜씨가 너무 허접하게 느껴져 손을 놓아버린 적도 많다. 물론 개인차가 있을 수는 있다.

의사는 인체의 근본 원리를 배우고 많은 환자를 만나고 때로는 실수도 하면서 그렇게 쌓은 경험을 통해 명의가 되어간다. 보존 작업도 마찬가지다. 대부분의 작가들이 공통적으로 사용하는 재료라 하더라도 그 사용 방법은 조금씩 다르다. 시간이 지나면서 그 형태나 양상도 다 달라진다. 그러므로 좋은 복원가가 되려면 많은 작품을 만나고 치료하는 경험, 즉 풍부한 임상 경험을 쌓는 것이 가장 중요하다. 한국에는 조형물 복원가가 드물어 나는 운 좋게도 유일한 관련 국립기관에서 일하며 많은 작품을 접할 수 있었다. 보존 분야에서 단기간에 이렇게 많은 임상 경험을 한 이는 드물지 않을까 싶을 만큼 수많은 임상 경험을 거치며 다양한 '환자'를 만났다. 그중 몇몇 환자들은 아직도 기억에 남아 있다. 나를 만나고 건강해져서 돌아간 환자, 생소한 병명으로 나를 떨리게 한 환자, 그리고 어딘지 아쉬움을 남긴 채 돌아간 환자…… 그들이 가끔 생각나고 또 생각난다.

나와 만났던 작품과 유물은 모두 개성이 강했고, 같은 병을 앓고 있는 듯한 환자들도 서로 다른 몸을 가지고 있었다. 그들을 치료하면서 배우는 점도 물론 많지만 복원 후 그들을 다시 만나는 경험 또한 정말 커다란 공부가 되기에, 가능하면 다시 찾아가 회복한 환자들을 만나려 하고 있다.

이제 환자들은 모두 돌아가고 텅 빈 병원에서 내일의 환자를 생각한다. 또 어떤 작품이 무슨 사연으로 나를 찾아올까? 비록 나는 그들을 태어나게 한 부모는 아니지만, 살아 있는 동안 깨지고 다쳤을 때 그들을 치료하고 돌보는 것은 나의 임무다. 그런 의미에서 나는 나대로 내 몫의 숨결을 그 작품들에 불어넣는 것이다.

# 이한열 열사의 운동화

2015년, 나는 이한열기념관에서 걸려온 전화를 받고 그곳을 방문했다. 내가 복원할 이한열 열사의 운동화를 만나기 위해서였다.

이한열기념관에서는 열사의 옷가지 등은 의류 복원 기관과 전문가들에 의뢰해 단계적으로 보존 처리를 진행하고 있었다. 그러나 운동화는 이미 몇 해 전부터 부스러지고 조각이 떨어져 나가 손도 대지 못한 채 해결책은 물론이고 조언을 받을 전문가조차 찾지 못하고 있었다. 그러다 기념관에서 우연히 국립고궁박물원에서 일하는 복원가로부터 나에 관한 얘기를 듣고는 연락을 해오셨다. 이 일에 적임자란 생각이 들었다는 것이다.

이한열 열사의 운동화 밑창 재질은 폴리에스터 우레탄이라는 고분자 물질로, 이는 운동화 밑창 재질에 흔히 사용된다. 상태 진단 의뢰를 받고 신촌의 이한열기념관 3층 전시장에서 처음 만난 운동화는, 절반 이상 부스러져 떨어져나간 상처를 드러낸 채 납작하게 누워 있었다. "치료가 가능하겠습니까?"라는 기념관 관장님의 질문에 나는 "예, 가능합니다"라고 대답했다. 까다로운 작업이지만 할 수 있고 해야 하는 일이었다. 이후 운동화는 3개월에 걸친 집중 치료를 받고 다시 기념관으로 돌아갔다.

일찍이 1990년대 영국 빅토리아 앨버트 박물관에 고분자 합성물질 전용 전시장이 꾸며졌다. 이 시기부터 흔히 플라스틱으로 대표되는, 고분자 합성물질로 만든 산업·일상용품에 관한 연구는 물론이고 고분자 합성물질 예술작품에 관한 연구, 그리고 이를 보존하고 복원하기 위한 연구가 세계적으로 활발히 진행되어오고 있다. 국립현대미술관에서 일할 때 매년 두 차례씩 열리던 실무 워크숍 때마다 나는 현대미술작품에 사용되는 수지나 플라스틱을 주제로 다루기도 했다. 이한열 열사의 운동화를 대면하기 전부터 현대 조형물에 흔히 쓰이는 재질의 보존복원에 관해서 충분히 공부하기도 했고 실제로 그런 재질을 다루어본 경험도 있었다. 그래서 그날 이한열기념관에서 부스러져가는 밑창을 어떠한 식으로 고정하고 원래의 모습을 찾게 할지에 대해 물었을 때 나는 바로 몇 가지 제안을 할 수 있었다.

기념관에서는 오래전부터 고민해온 문제였기에 작업에 관한 논의는 매우 빨리 진행되었다. 관장님과 학예실장님은 운동화가 치료된다면 어느 정도까지 제 모습을 찾게 될 것인가를 비롯해 더 부스러지지 않도록 안정화만 시켜 현재의 모습으로 보존하는 방법은 어떨지, 그리고 전시를 위한 레플리카를 제작하는 것은 어떨지에 관한 의견도 물어보셨다. 처음에 논의된 것은 절반 이상이 부스러진 현재 운동화의 모습을 유지하는 안이었다. 이에 대해 나는 전체 모습을 복원하는 쪽으로 방향을 제시했다. 왜냐하면 부스러진 모습이 당시 이한열 열사의 사건과 인과관계가 거의 없는데다 운동화를 온전한 모습에 가깝게 재건하는 일이 가능해 보였기 때문이다. 그렇다면 복원하지 않을 이유가 없었고, 복원해야 할 이유도 뚜렷했다.

유물은 어떤 사건이나 기억이 다양한 형태로 물질 안팎에 새겨져 당시를 증언하는 기록물이다. 유물을 보존복원할 때는 본래의 물질성은 물론 관련된 증언(이야기), 증거를 잘 남겨두는 것이 중요하다. 이러한 이유로 이한열 열사가 당시 입었던 셔츠도 천이 산화되어 삭지 않도록 처리하되 핏자국과 먼지 얼룩은 남겨두는 것이다. 운동화의 경우 만일 열사가 피격받던 당시 밑창 일부가 떨어져나갔다면 그 상처를 당시 긴박한 상황의 기록으로 남겨두어야 하지만, 그렇지 않으므로 열사의 마지막 순간 곁에 있던 운동화의 모습을 찾아주는 것이 목표여야 했다.

첫날 상태를 진단하고 복원 방향을 상의하고서 며칠 후 연구소에서 운송 상자를 준비해 다시 기념관을 찾았다. 전시 케이스의 무거운 유리문을 열고 조심스럽게 운동화를 옮겨 내올 때 밑창의 부스러짐이 생각보다 훨씬 심각하다는 것을 알게 되었다. 밑창은 마치 젖은 모래를 꼭 쥐어 뭉쳐놓은 것처럼 가벼운 손길이나 충격에도 모래처럼 부스러져버렸다. 전시 당시 운동화와 파편들을 받치고 있던 얇은 판 그대로 보관 상자에 옮겨 한지로 살짝 위만 눌러 덮고는 차로 달려오는 내내 연구원이 상자를 품에 안고 있었다. 작은 충격만 가해져도 위험한 상태라 가능한 서서히 차를 몰았다. 무사히 연구소에 도착해 꺼내보니 다행히 운동화는 거의 변화 없이 누워 있었다. 기념관의 전시 케이스에서 나온 순간 이제 운동화는 더이상 바라보는 물질로서의 '타이거 운동화'가 아니었다.

사람으로 치자면 중환자실에 입원해 단독 집중 처치를 받아야 할 정도였다. 전용 병실인 보관함까지도 신중하게 골라 잘 안치시켰다. 운동화가 두 짝이었으면 조금은 덜 애처로웠을지도 모르겠다. 전용 작업대 위, 홀로 독실에 누워 있는 한 짝뿐인 운동화를 바라보니 평소 지병에 시달리는 불편한 어깨가 더 묵직해지는 느낌이었다.

이 상태로는 조각을 만질 수조차 없었으므로 클리닝도 못하고 우선 조각들을 굳혀주기로 했다. 뒤샹의 우레탄 작품에 적용되었던 방법을 응용해 파라로이드Paraloid B-72 수지를 자일렌에 녹여 남아 있는 밑창과 부서진 조각들에 스며들게 했다. 자일렌에 녹은 상태의 파라로이드 수지는 우레탄 조직 안에 스며들어, 자일렌이 증발하면 조직 안에서 스스로 굳어 결과적으로 우레탄을 굳혀준다. 운동화 우레탄폼은 물성상 케톤계에 매우 취약하며 자외선과 습기에 약하다. 이로 미루어 보아 이 운동화가 이전에 높은 습도와 자외선에 장시간 노출되어 있었을 가능성을 짐작할 수 있었다.

일주일에 걸쳐 조금씩 용액이 스며들게 하고 이를 증발시키며 조각들을 굳히는 동시에 밑창과 운동화 사이의 빈 공간들에는 에폭시 수지를 주사기로 흘려넣어 굳혀주었다. 이 빈 공간은 본디 운동화를 신었을 때 푹신함을 더하기 위해 만들어준 공간이지만 밑창이 제 역할을 못하게 된 시점에서는 골다공증 같은 증상을 불러온다. 첫 한 주 동안 완전히 부스러져 활용할 수 없는 조각들을 모아 재질 분석에 들어갔다. 분석 결과, 고분자 결합이 대부분 끊어진 증상을 보였음에도 기본적인 폴리에스터 우레탄의 변화는 크게 없음을 알 수 있었다.

그런데 조각이 어느 정도 굳은 후, 조각들을 맞추어 잃어버린 뒷굽 절반의 형태를 재건하려던 계획이 예상보다 어려운 것임을 알게 되었다. 직소퍼즐처럼 원형을 알 수도 없고 조각들의 경계가 이미 미세하게 부스러져 있어 인접한 조각들을 찾아 맞추는 것은 불가능했다. 처음엔 남아 있는 밑창 앞부분의 패턴이 자연스럽게 뒷굽으로 이어질 거라고 생각했지만 그렇게 조각들을 나열해봐도 전혀 길이 보이지 않았다.

이렇듯 운동화 밑바닥 패턴을 전혀 예측할 수 없는 상태라 연구소 부대표는 혹여 동일한 운동화나 유사한 에디션의 운동화라도 있을까 싶어 이미 도산하고 없어진 타이거 운동화의 제조사를 역추적하기 시작했다. '타이거 운동화'라는 여섯 글자로 시작된 추적은, 2013년 부산직할시 승격 50주년을 기념하는 특별기획전 '약진, 50년의 자취'에 부산에서 출발한 '삼화고무'의 타이거 운동화도 전시되었다는 기사까지 찾아내게 했다. 결국 당시 전시를 기획했던 부산근대역사관의 담당 학예사와 연락이 닿아 서울 인사동에 80년대 타이거 운동화 두 종류를 소장한 개인이 있다는 정보를 얻게 되었다. 설레는 마음으로 소장자에게 연락했지만 아쉽게도 전혀 다른 모델이었다.

이후 매일 밤, 구글 이미지에서 각국의 운동화 밑창 패턴을 검색하며 이한열의 운동화와 비교했다. 처음엔 전 세계 수천만 종류의 밑창 패턴을 비교·검색해주는 프로그램이 있음을 알아냈지만 그 프로그램은 FBI 같은 수사기관에 판매하는 제품으로 가격도 상당하고 개인이 접근하기에 쉽지 않았다. 이때부터 저녁식사를 마치면 컴퓨터 앞에 앉아 운동화 밑창을 찾아보는 생활이 시작되었다. 아마 확인한 운동화만 족히 수천 켤레는 될 것이다.

누구나 예상할 수 있겠지만 운동화 밑창은 대체로 몇 가지 패턴을 응용해 조금씩 바꾸어 쓰며, 특이한 형태라 할지라도 휨이나 바닥과의 접지력을 디자인에 반영하고 있다. 패턴이 대체로 어떠하다는 것은 이틀 정도만에 파악했지만, 그럼에도 연일 검색 화면을 들여다본 이유는 내가 찾는 바로 그 운동화와 혹시라도 마주치진 않을까 하는 마음에서였다. 사실 하루 종일 머릿속엔 운동화 생각뿐이었으니 쉬면서도 운동화를 보고 있는 것이 편안했는지도 모르겠다.

그러던 어느 날, 절단면이 남아 있던 인접한 여섯 조각을 찾아 가접합했고 남아 있던 앞부분과의 연결 선 하나를 찾게 되었다. 처음에는 조각을 잘못 찾았다고 생각했다. 이유는 전면 패턴은 모든 운동화나 신발이 그러하듯이 골이 가로로 새겨져 있었으나 내가 맞추어본 뒷굽 패턴은 세로 골이었기 때문이다. 구글에서 본 수천 개의 운동화 패턴들 또한 골이 있다면 각도나 선의 패턴이 조금씩 다를 뿐 모두 한 방향으로 골이 새겨져 있었다. 다음날 어쩌면 이 운동화만은 앞굽과 뒷굽의 패턴 방향이 다를 수도 있다는 가설을 세우고, 그렇다면 왜 뒷굽의 골은 세로로 새겼을까 추리해보았다. 밑창의 골이 필요한 이유는 미끄러짐을 방지하기 위함인데 뒤꿈치 측면의 미끄러짐에 특별히 신경써야 하는 운동화라면 대체 무엇 때문일까 하고 골똘히 생각했다. 그러면서 내 몸을 좌우로 미끄러지듯 움직여보니, 마치 테니스나 정구를 치는 동작과 같았다. 그러자 이 운동화는 과거에 모래판 코트에서 즐기던 정구를 염두에 두고 만들어진 정구화일 것이란 추측이 자연스레 떠올랐다. 뒷굽은 세로 패턴일 수 있다는 가정하에 다시 가접한한 여섯 조각과 다른 조각들을 들여다보니 다른 몇 조각의 위치가 보이기 시작했다. 이날부터 하루에 한 군데 꼴로 흩어진 조각들은 자리를 찾아가기 시작했다. 매일 한 조각씩 빈 자리에 대보고 돌려보고 조각을 바꾸어봐가며 애쓴 결과였다.

처음 운동화가 연구소에 온 지 두 달이 훌쩍 넘어서야 밑창은 조금씩 제 모습을 찾아가고 있었고 비로소 밑창을 손으로 잡을 수도 바닥에 놓을 수도 있게 되었다. 이후 합성피혁제로 만들어진 운동화 본체를 클리닝하고 오랜 기간 눌려 납작해진 몸체의 형태를 잡는 작업이 가능해졌다. 스펀지와 PVC로 제작된 합성피혁에서도 역시 고분자의 경화, 분해 과정이 시작되어 갈라짐이 일어나고 있었기에 아크릴 성분 접착제, 코팅제로 갈라진 틈을 채우고 고정하는 작업을 해주었다.

신경이 온통 밑창에 집중되어 있었는데 이제 윗부분 본체를 들여다보니 새로운 과제가 눈에 들어왔다. 바로 이한열 열사가 직접 묶어둔 운동화 끈이었다. 처음에는 밑창이 어느 정도 경화되고 안정되면 끈을 풀어 윗부분을 벌리고 클리닝을 한 후 운동화 형태를 잡아줄 보형물을 넣을 예정이었다. 그런데 운동화에 묶여 있던 끈이 정말 듣지도 보지도 못한 독특한 방식으로 묶여 있었다. 쉽게 신고 벗으려고 그랬던지 맨 윗구멍에 끈을 넣지 않은 탓에 길게 남은 끈을 좌우로 엮어놓은 끈 앞부분으로 관통시켜 세로로 길게 한 바퀴 돌려 서로 두 번을 꼭 묶어놓은 형상이었다. 형상을 기술한 문장만큼 이상한 이 끈을 묶은 모양새는, 이 운동화 주인의 개성을 극적일 만큼 강하게 드러내고 있어 내가 개입해 재구성하는 것이 옳을까 하는 의문이 계속해서 들었다. 내가 풀었다 다시 똑같이 묶으려면 그렇게 할 수도 있지만 그런 문제가 아니었다. 마침내 나는 결심했다. 내가 복원하는 대상은 1980년대 타이거 운동화가 아닌 이한열 열사의 운동화다. 그러니 그 인물의 개성, 성격, 손길이 생생하게 남아 있는 기록에는 손을 대지 않기로 했다.

운동화 끈을 풀지 않기로 결정하면서 남은 작업 과정은 훨씬 힘들고 까다로워졌다. 가장 큰 문제는 내부 보형물을 넣기가 쉽지 않다는 것이었는데 그 문제는 보형물을 두 조각으로 만들어 하나씩 넣는 것으로 해결했다. 보형물은 물에 뜰 만큼 가벼운 발사나무를 깎아 사용했다. 일반적인 신발 컬렉션 보형물로는 폴리에스터 솜을 채운 천 쿠션을 쓴다. 하지만 이한열 열사의 운동화는 오랜 기간 눌려 자꾸 납작해지려 했기에 그 힘을 잡아줄 단단한 재질의 발사나무를 선택했다.

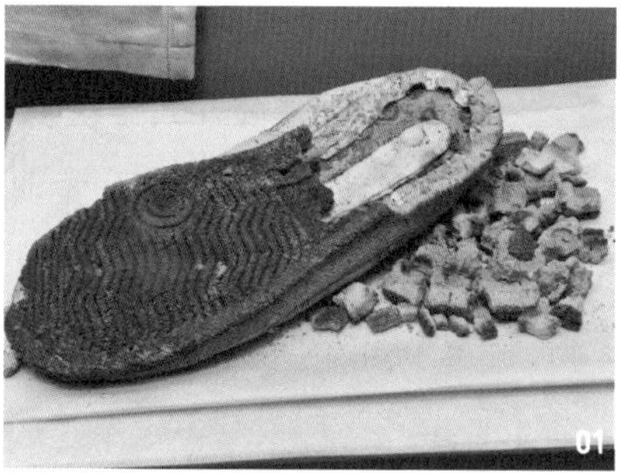

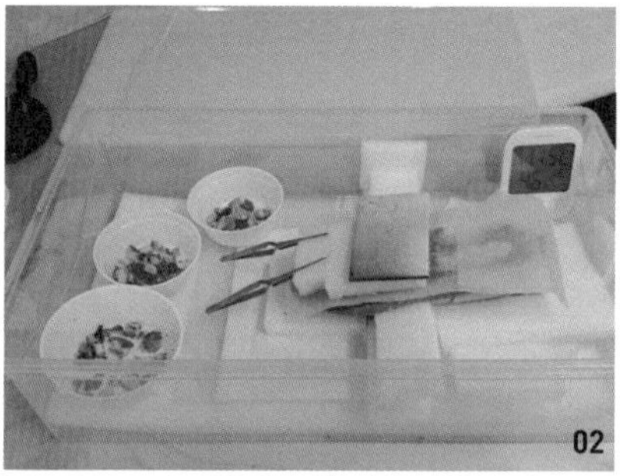

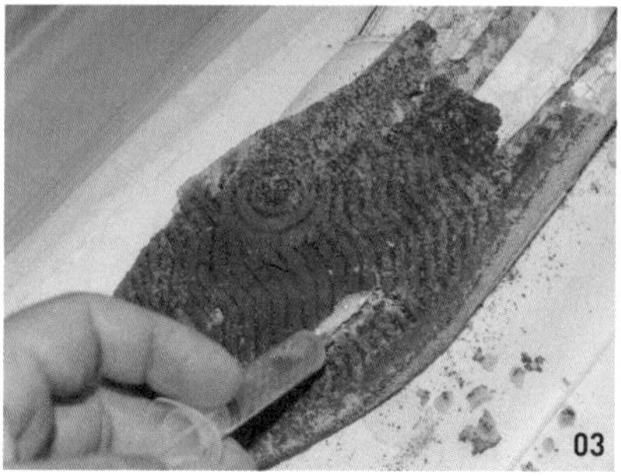

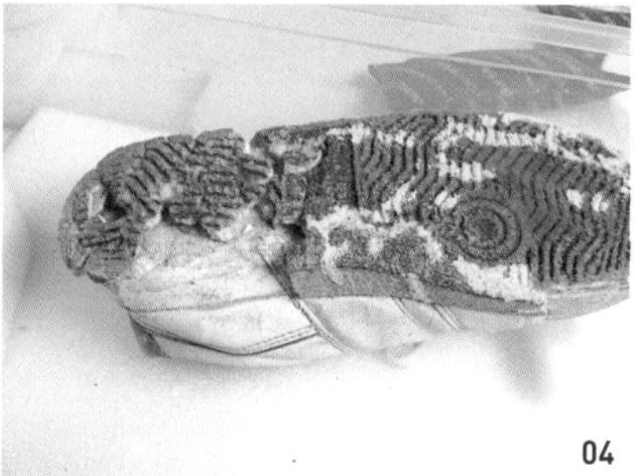

**01** 밑창이 다 부스러져 가루가 되다시피 한 이한열의 운동화.
**02** 밑창과 조각들을 경화처리한 후 안정화시키는 과정.
**03** 내부의 빈 공간에 메움제를 넣는 과정.
**04** 조각을 맞추고 결손된 부분은 메우는 과정.

남아 있던 조각으로 가능한 제자리를 다 찾아준 후, 조각이 분실된 곳이나 복원 작업 중 부스러져 비어 있는 채로 남은 동공洞空들은 아크릴 퍼티를 넣어 메워주었다. 모양이 다 잡힌 후 색맞춤은 유화 물감으로 해주었고 마지막으로 유화작품용 바니시로 코팅해주었다. 밑창에 유화용 재료를 사용한 이유는 폴리에스터 우레탄과의 반응성이 적은 재료를 선택하고자 했기 때문이다. 합성피혁 부분은 자외선 차단 기능이 있는 아크릴 바니시로 코팅했다.

마지막 코팅을 올리고 건조시키기 위해 운동화를 바로 세워두었을 때 비로소 이 작업이 끝나감을 직감했다. 작업대 바닥에는 운동화가 처음 왔을 때 부스러져 떨어지던 우레탄 잔해들이 치열했던 지난 시간을 떠올리게 했다. 가루들은 모두 모아 조그만 용기에 담아두었다. 복원이 끝난 운동화는 다시, 예전에 부스러지고 납작해진 채 누워 있던 그 자리로 돌아갔다. 간혹 복원이 마무리되었을 때의 소회를 내게 묻곤 하는데, 이한열의 운동화를 비롯해 힘든 작품일수록 작업 과정에서 이미 수많은 상념의 터널을 지나야 하기에, 정작 작업이 끝난 후에는 아무런 마음의 잔상이 남아 있지 않은 경우가 대부분이다. 유난히 어깨를 짓눌렀던 운동화의 경우는 더욱 그러했다.

얼마 전, 기념관을 다시 찾았다. 늘 그래왔듯 발걸음은 운동

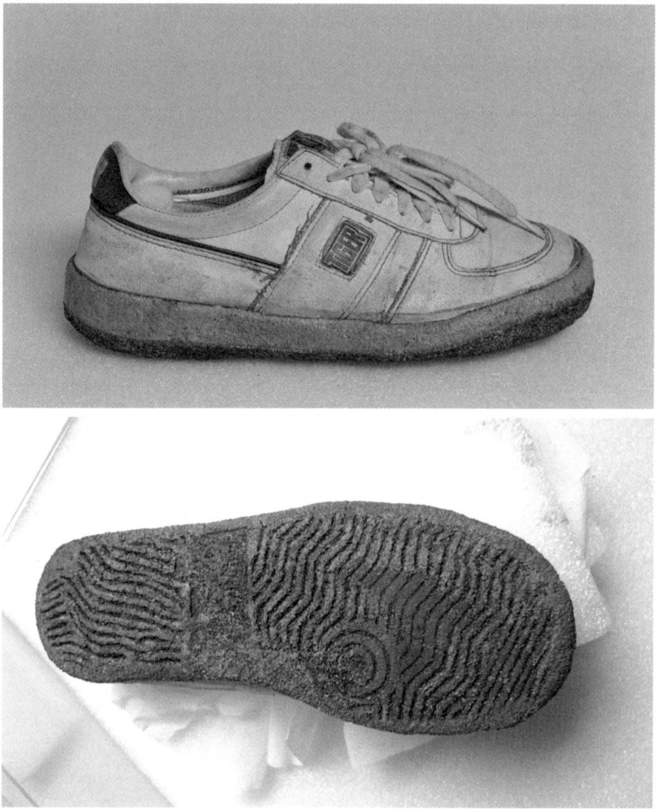

복원을 마친 이한열의 운동화

화가 있는 꼭대기 전시장으로 먼저 향한다. 운동화 바닥을 비추는 바닥 거울을 들여다보니 지금까지도 다른 유품과 더불어 건강하게 지내고 있어 안도의 한숨을 쉬며 가슴을 쓸어내렸다. 관장님께서는 운동화가 건강한 모습으로 제자리로 돌아온 후 전시장에 왠지 모를 생기가 생겼다고 한다. 옷과 함께 놓인 운동화의 형상을 보면 이한열 열사가 성큼성큼 힘차게 걷는 모습을 보는 것 같다고 했다. 어쩌면, 복원 이전의 바스라지고 처참한 모습의 운동화가 우리 마음을 훨씬 아프게 하고 더 오랜 잔상을 남길지도 모르겠다. 하지만 28년이 흘러 '지금 여기'를 사는 평범한 모습으로 돌아간 운동화에는 복원이라는 이야기가 더해졌고, 그렇게 다시 태어난 운동화는 김숨 작가의 소설 『L의 운동화』라는 새로운 기억을 만들어냈다.

복원은 기술적 완료가 아니다. 잃어버린 시간을 복원한다는 것은 새로운 시간, 새로운 기억을 맞이하려는 의지의 진행형이다.

# 우리 동네 이웃의 애장품

딸아이는 경기도 과천의 미인가 초등대안학교에 다녔다. 전교생 80명 정도의 작은 학교가 조용한 주택가에 위치하고 있어 같은 학교 이웃들이 주변에 옹기종기 모여 살았다. 아내도 연구소 일을 함께 하다보니 아이 혼자서도 3분이면 학교에 편히 오갈 수 있는 곳에 연구소와 집을 마련했다. 주변에 학부모나 이웃이 많으니 아이들이 안전하게 다닐 수 있고 오가며 알은척을 하니 내가 어릴 때 누리던 골목 문화도 조금 살아 있는 느낌이었다.

이런 동네 초입에 나의 복원연구소가 있었다. 이웃은 오가다 인사를 나누기도 하고 때로는 복원가인 나에게 도움을 청하기도 했다. '이한열 운동화'처럼 특별한 환자가 입원했을 때는 역사적 순간을 직접 목도하고 싶다며 구경 오는 이웃도 있었다.

그런 이웃 중 한 사람으로부터 처음으로 의뢰가 들어왔다. 이웃이 맡긴 첫번째 애장품은 감나무 경대였다. 딸아이와 같은 반인 아이의 엄마가 소중하게 보자기에 싸서 들고 왔다. 외할머니와 친정어머니를 거쳐 아이 친구 엄마의 손에 들어온 경대는 오랜 시간 벌레도 먹고 많이 망가져 있었다. 외할머니의 행복한 추억이 담긴 유품이라 버리지도 못하고 보자기에 싸서 창고에 보관했는데 마침 이웃집에 사는 내가 생각나서 친정어머니께 말씀드리고 가져왔다고 했다. 화려한 장식도 없이 소박하고 작은 경대였는데 벌레 탓인지 많이 낡고 삭아 있어 완전히 해체해서 다시 만들어야 했다. 연결 부위나 부속도 대부분 교체해야 할 만큼 손이 많이 가고 시간도 오래 걸렸다.

시간을 다투는 일은 아니어서 다른 작업을 하면서 틈틈이 경대를 복원해나갔다. 그랬더니 어느덧 경대가 예전 모습을 갖추게 되어 이웃에게 작업이 완료되었다고 알렸다. 이웃은 말끔해진 경대를 보고 거듭 고맙다고 인사하며 사례비를 물었으나 정중히 사양했다. 그랬더니 이웃은 대신 풍성한 저녁식사를 대접해주며 내게 멋진 나무접시를 선물했다. 나중에 전해들었는데, 복원된 경대를 받으신 친정어머니는 돌아가신 외할머니를 다시 만난 것처럼 기뻐하셨고 안방에서 가장 잘 보이는 곳에 경대를 두고는 며느리나 자식들이 올 때면 행복한 표정으로 외할머니 이야기를 하신다고 했다. 내놓지도 들이지도 못했던 외할머니의 경대는 다시 건강하게 가족들과 함께 삶을 이어가고 있으며 훗날 친정어머니가 떠나시고 나면 그 경대가 누구에게 갈지 자못 궁금하다고도 했다.

감나무 경대의 '부활' 소식이 전해졌는지, 이후 다양한 사연을 지닌 이웃들의 발길이 이어졌다. 장난꾸러기로 소문난 남자 아이의 아빠가 한정판 플라스틱 로봇을 가져왔다. 늦은 나이에 얻은 늦둥이가 로봇을 좋아하는데 유독 로봇 팔이 어깨에서 자꾸 탈골한다는 이유였다. 어렵지 않은 문제라, 그리 힘들지 않게 고칠 수 있었다. 그후 프라모델이나 피규어 마니아에게 혹여 도움이 될까 싶어 로봇 수리 과정을 연구소 홈페이지에 올렸는데 그것이 뜻하지 않게 놀라운 작업과 연결되었다.

플라스틱 로봇 복원 게시물을 보고 연락해온 이는 전시 기획자였다. 전시를 위해 해외에서 캐릭터 모델(인형)을 대여했는데 전시중 관람객의 실수로 로봇 캐릭터의 머리가 떨어져 파손되었다며 다급하게 연락해온 것이다. 전시가 끝나고 캐릭터 모델을 다시 해외로 돌려보내야 하는데 복원이 가능하냐고 물었다. 당연히 복원은 가능했다. 로봇은 주말 동안 연구소에 잠시 입원했다가 건강하게 퇴원하고 본국으로 돌아갔다.

이후에도 조금 별난 복원은 이어졌다. 같은 대학에서 조소를 전공한 동기가 지인의 아들이 직접 그림을 그려넣어 구운 도자기 접시가 깨졌는데 복원이 가능하냐며 연락이 왔다. 자폐를 앓고 있는 아이가 접시가 깨지고 나서 심하게 울고 불안에 시달린다고 했다. 깨진 접시를 붙이는 일은 그리 어려운 일이 아니니 가져오라 했고 알록달록한 그림의 조각난 접시는 다시 원래 모습을 회복해 아이의 품으로 돌아갔다. 이후 동기로부터 아이가 다시 웃음을 되찾았고 아이의 부모도 깊은 감사를 표하더라는 소식을 전해들었다.

작품이나 유물이 손상되면 소장자나 관계자도 함께 사색이 되거나 심적인 고충을 겪는 경우가 많다. 다행히 적절한 의사를 만나 작품이 건강을 되찾으면 의뢰인도 심리적 고통에서 벗어나 얼굴이 환해진다. 그 순간은 참으로 보람이 크다. 추억도, 이야기도, 마음도 돈으로 살 수 없다. 그래서 금전적 가치와 상관없이 자신의 이야기나 추억 혹은 신념이 담긴 애장품은 소중하다. 그런 애장품이 다치면 작은 손상이어도 마음에 큰 상처가 된다. 정서와 기억이 새겨진 물질은 돈이 있다고 다시 살 수 있는 것도 아니다. 누군가의 마음에 문득 온기를 전해주는 물건을 복원하는 일은 그래서 뿌듯하다.

# 부산시민공원 역사관 벽화,
# 기억의 퍼즐 맞추기

2012년 부산시 학예사 한 분이 전화를 주셨다. 미군 기지가 있던 부지를 시민공원으로 개발할 예정인데 미군 승마 클럽으로 사용되던 건물 내부의 벽화를 복원하고 싶다는 문의였다. 처음 벽화라는 말에 회벽에 그린 전형적인 벽화 기법이라 생각하고 그것은 내 전문 분야가 아니라 하였으나 전화로 설명을 듣고 사진을 받아보니 당장 무어라 설명할 수 없는 그런 것이었다. 많은 부분이 떨어져나갔지만 벽체가 아닌 어떤 층이 보였고, 캔버스는 아니고 두꺼운 종이 위에 그려진 것 같았지만 주변 상황으로 미루어보아 종이에 그린 다음 설치된 것도 아닌 것 같았다. 복원 방법은 물론 재료나 기법도 이해하기 힘들었던 학예사가 급히 문의해온 것이다. 듣고 보니 작품이 너무 궁금하기도 하고 학예사 분께 조언이라도 해드리고 싶어 급히 부산으로 떠났다.

한창 공원 조성 공사로 흙바닥이 드러난 광활한 평지에 드문드문 낡은 시멘트 건물들이 있었고, 중앙부 부근 원형 폐건물에 문의받은 그림이 있었다. 허무는 중인 내부 한쪽 벽면 5미터쯤 되는 곳 위쪽에 사진으로 보았던 벽화가 모습을 드러냈다. 많은 부분이 떨어져나갔고, 떨어져나간 경계면 주위는 박락이 진행되고 있어 벽화층이 너덜너덜 매달린 상태였다. 현장에서 빌린 사다리로 올라가보니 합성수지와 종이가 섞인 두툼한 벽지 위에 수용성 페인트로 경마의 한 장면을 얇게 그린 그림이 눈에 들어왔다. 폭 60센티미터 정도, 길이 6미터 이상의 기다란 벽지를 회벽 위에 일반 내장용 접착제, 아마도 초산비닐계 접착제로 단단히 붙여 장식한 듯했다. 그런데 오랜 시간이 흐르며 벽지의 합성수지와 종이가, 합성수지 접착제와 함께 열화되면서 굳어버려 회벽이 부스러지는 동시에 이와 함께 갈라지고 떨어져나온 것이다. 60년대에 실내장식을 바꾸며 벽화 위에 다른 벽체를 세워, 벽화는 수십 년간 밀폐된 공간에서 높은 습기로 고통받았을 것 같았다. 몇 군데 그림 면 위로 무심하게 박혀 있는 녹슨 못들도 보였다.

학예사는 이 그림을 떼어내어 복원한 후 건물이 복구되면 재설치할 계획이라고 했다. 하지만 언제 누가 그린 그림인지 열심히 찾아보고는 있는데 그걸 알 수 없다고 했다. 나는 너무 심하게 훼손된데다 작가나 역사적 배경도 알 수 없는, 어쩌면 단순한 실내장식이었을 이 그림을 어떻게 복원할 생각까지 하게 되었을까 궁금해졌다. 그림은 이 학예사를 제외하면 아무도 그 존재를 모르는 것이나 마찬가지였다. 낡은 벽장식에 가까운, 유물로도 작품으로도 보기 힘든 그림을 되살리겠다고 학예사는 복원 계획을 세우고 예산을 책정해 시의회 승인까지 받고 전문가를 수소문했다. 굳이 이렇게 번거롭고 귀찮은 일을 벌이는 이유가 뭘까 하는 의문도 생겼다. 이 일뿐 아니라 그는 공원 조성을 중심으로 부산시 학예 관련 일도 담당하고 있었다. 단순히 일 만들기를 즐기는 분이 아닐까 하는 생각을 하고 있을 때 그의 이야기를 듣게 되었다.

그는 부산시민공원을 조성하고 기념관을 기획하는 과정에서 부산의 지역성과 역사성을 보여줄 수 있는 것이라면 그 어떤 것도 버릴 수 없다고 생각했단다. 현재의 부산 시민과 부산을 찾은 손님들에게 보여주고 느끼게 해줄 부산만의 것은 곧 부산의 역사이며 역사란 과거, 오랫동안 이곳에 남아 있는 것들에서 출발하기 때문이다.

지금의 부산은 해운대를 중심으로 최첨단 마천루가 올라가고 다층 고가도로가 해안을 달리는, 미래 도시를 떠올리게 하는 모습이다. 광안대교를 달리며 바라보는 밤 풍경은 그야말로 별천지로, 이곳이 한국이고 내가 한국인이라는 것이 뿌듯해질 정도다. 하지만 만약 내가 생전 처음 유럽을 벗어나 여행을 떠나는 외국인이라면, 단지 야경이 멋진 최첨단 미래형 도시라는 이유만으로 두바이나 상해, 홍콩을 제쳐두고 부산을 선택할까. 장담하기는 힘들었다. 그렇다고 말하기엔 무언가 아쉬움이 남는다. 그 지역을 기억하게 하는 것, 다른 곳에는 절대 없는 개성은 바로 그 도시가 살아온 모습, 역사 속에 숨쉬고 있기 때문이다. 최첨단 건축물이 가득 들어선 거리라 할지라도 곳곳에서 묻어나는 그곳만의 향기는 구수한 사투리처럼 고집스럽게 간직해온 시간의 흔적에서 나온다. 이러한 시간의 흔적은 단지 남에게 보여주기 위해서가 아니라 우리가 우리의 시간을 기억하기 위해서도 필요하다. 부산의 학예사는 부산의 미래를 꿈꾸며 과거의 그 어떤 사소한 기억도 쉽게 버릴 수 없었던 것이다. 그분은 부산의 많은 기억과 자취가 이미 사라지고 없어진 지금, 미군 장교클럽 벽 뒤에서 부서져가는 이 그림을 발견했을 때 너무 반가웠다고 했다. 60년대 부산에서 활동했을 어떤 화가의 자취가 담긴 이 그림을 그는 어떻게든 살려내고 싶었다고 했다.

재료가 모두 일반 산업 제품으로 만들어진 이 그림은 예전과 같은 곡면을 유지하면서 새 벽면에 다시 설치될 예정이었다. 정비됐을 때의 명확한 모습을 예측할 수 없는 불투명한 상황 속에서 그림을 복원해나가야 했다. 해외에도 전례가 없는 새로운 도전 과제였다. 도구를 챙겨 다시 부산을 찾아 비계를 설치하고 올라가 최대한 이미지가 그려진 벽지층만을 떼어내려 했다. 하지만 벽지층은 이미 회벽과도 접착제와도 한 덩어리가 된 상태였다. 몇몇 부분을 제외하고는 현장에서 오랜 시간을 보내며 작업할 수 없다고 판단했다. 그래서 벽지 뒤에 달라붙은 시멘트층 일부도 함께 수습하기로 했다. 벽지층은 이미 부스러지기 시작한데다 벽면까지 한 덩어리인 상태라 가능하면 넓은 면을 유지하면서, 또 인물 같은 이미지를 살리는 방향으로 분리하여 떼어냈다. 하지만 그림이 6미터가 넘는 탓에 벽지층은 결과적으로 수백 개의 퍼즐 조각이 되었고, 이를 한 조각씩 한지로 싸고 그 사이에 폴리에스터 솜을 완충재로 넣어 포개어 가져왔다.

당시 함께 진행하던 다른 작업들의 규모가 컸던 탓에 우선 이를 수원의 임시 작업장에 옮겨놓고 작업대 위에 수백 개의 조각들을 나열해두었다. 그러고서 도무지 감당할 수 없을 것 같은 들쑥날쑥한 조각들의 행렬을 바라보고 있자니 몸이 지쳐 있기도 했지만 감히 손댈 엄두가 나지 않았다. 연구원들이 한 조각씩 뒷면에 붙은 시멘트와 횟가루를 조심스럽게 갈아내고 작품 표면에 부직포를 메틸셀룰로스로 임시 고정해나가는 작업이 몇 달째 지속됐다. 그동안 나는 침대에 꼼짝없이 누워 있었다. 무거운 짐을 안은 채 눈길에서 넘어져 부상을 당했는데 그걸 방치한 게 화근이었다. 심한 근육통이 왔다고 생각해 급히 침을 맞고 찜질만 받은 채 일을 계속했더니 나중에는 숨쉬기도 힘들 만

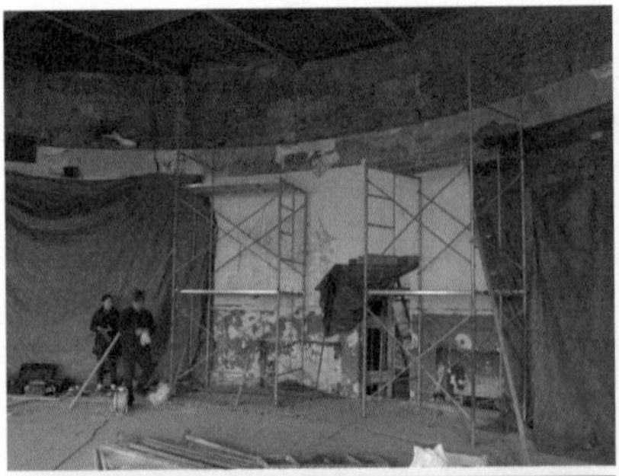

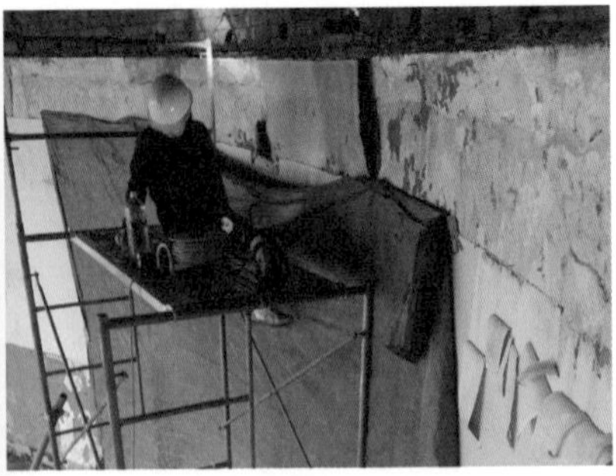

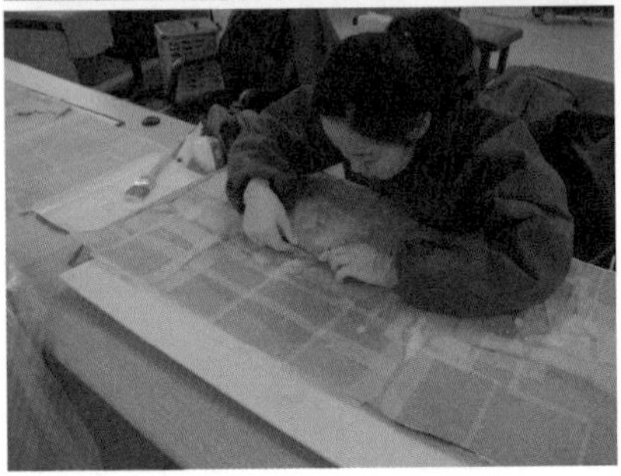

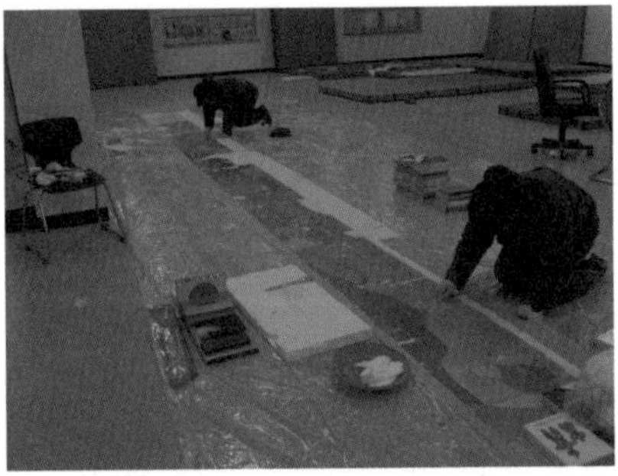

6미터가 넘는 그림은 수백 개의 퍼즐 조각이 되었고 연구원들은 한 조각씩 작업해나갔다.

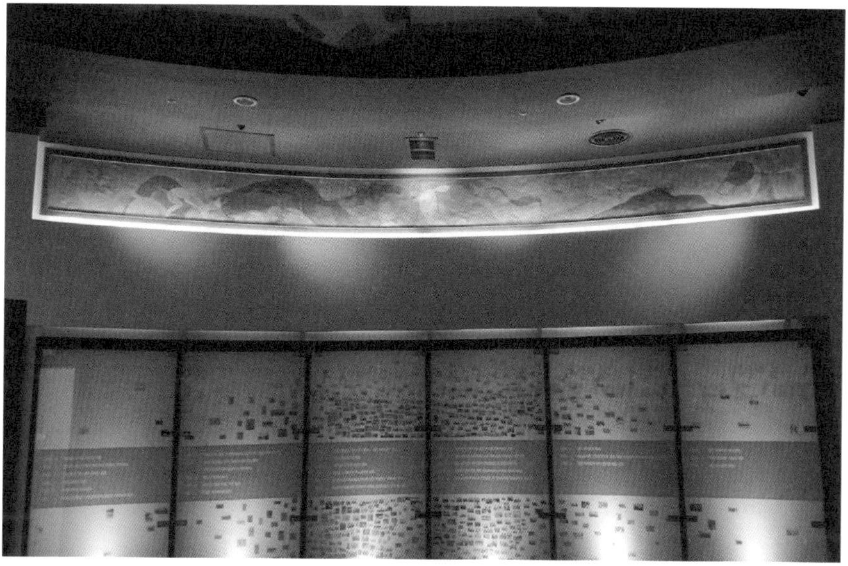

복원된 벽화는 부산시민공원 역사관 제1전시장의 둥근 벽면 위에 설치되어 있다.

큼 통증이 심해져 한동안 앉아서 쉬지 않으면 팔조차 쓸 수 없었다. 극심한 통증으로 병원을 찾고 싶었지만 설상가상으로 설 연휴가 시작되어 X레이를 찍어본 건 사흘이 지난 후였다. 아니나다를까 오른쪽 옆구리 갈비뼈가 비스듬히 부러져 어긋나 있었고 날카로운 뼈가 움직이는 동안 내벽을 휘저으며 출혈을 일으켰다. 그동안의 극심한 통증이 비로소 이해되었고 벽화 조각이 모두 정리되는 동안 나는 꼼짝없이 누워 있어야만 했다.

벽지와 이미지를 담은 물감층만으로 이루어진 수백 개의 조각들은 우선 한지 위에 퍼즐처럼 제자리를 찾아 고정했고 1미터 전후로 나누어진 큰 조각은 다시 6미터로 재단된 거대한 캔버스 위에 고정했다. 벽화가 평면이었다면 2미터 정도의 판 세 개에 나누어 조각들을 심으면 훨씬 쉽게 안정적으로 작업할 수 있었겠지만, 작품이 원형 벽면에 다시 고정될 예정인 데다가 완성될 벽면의 둘레도 알 수 없는 상태였기에 이 작품은 휠 수 있는 형태가 되어야만 했다. 조각들이 모두 제자리를 찾아 고정된 후에 사라진 빈 공간은 아크릴 수지 젯소로 채우고 아크릴 에멀전계 물감으로 색맞춤을 진행했다. 표면층을 보호하고 자외선을 어느 정도 차단해줄 수 있는 코팅제를 분사해 작업을 마무리했다. 길쭉한 작품은 지름 2미터 정도로 꼬리를 문 뱀처럼 동그랗게 포장되었다. 이것을 설치안과 함께 보냈다. 작품이 처음 있던 장교클럽 건물은 부산시민공원에 있는 공원역사관으로 다시 태어났고 작품이 잘 설치되었다는 연락을 받았다.

2015년 10월, 작업차 부산시립미술관으로 향하던 중 드디어 부산시민공원에 가보게 되었다. 벽화는 역사관 제1 전시장 둥근 벽면 위에 액자에 둘러싸인 채 전시돼 있었다. 아직도 작가나 연대 등을 찾을 수 없어 이름표도 없이 전시된 모양이 꼭 포화 속에서 살아남아 장성한 전쟁고아의 모습 같았지만 이 벽화가 60년대 부산의 미군 클럽에서 태어나 살아남은 유일한 증인이었다. 스쳐지나가는 사람들에겐 사소하고 별 볼 일 없는 증언일지 몰라도, 이는 무심코 발견된 50년 전 아버지의 만년필처럼 기억과 이야기를 통해 지난날의 생생한 모습을 말없이 증언하고 있었다.

지금은 웃으며 아무렇지도 않게 이 글을 쓰고 있지만 만약 다시 비슷한 작품을 의뢰받는다면 아마 이제는 두 배의 시간과 세 배의 비용을 요구할 것 같다. 그만큼이나 길고도 고된 작업이었다. 그해 추운 겨울, 연구소 식구 여섯 명이 석 달이 넘도록 꼼짝없이 길고 긴 기억의 퍼즐을 맞춘 시간의 결과물은, 이제 부산 시민들과 함께 사라질 뻔했던 기억을 나누고 있다.

# 야전병원에 전화벨이 울릴 때

북서울미술관 야외 조각 작품들의 새단장 공개를 앞두고 연구소 식구들 전원이 투입되어 정신없이 분주하던 어느 봄날이었다. 퇴근 즈음, 평소 자주 작품을 의뢰했던 갤러리의 큐레이터가 전화를 걸어왔다. 급박하지만 침착함을 잃지 않으려는 목소리에서 큰 사고임을 직감하고는 다음날 아침 일찍 현장을 방문하기로 했다. 응급 상황일 땐 한밤중에도 달려가는 경우가 많지만 이번 사고는 저녁 시간에 출입이 통제되는 공공시설에서 벌어졌기 때문에 어쩔 수가 없었다. 사고 당일 하룻밤이 담당 큐레이터나 관련자들에게는 얼마나 끔찍한 시간인지 나는 안다. 이전에 비슷한 사고 현장에서 만난 분들의 얼굴은 그야말로 사색이 되어 있었다. 그런 때는 작품을 치료하고 나면 작품만 되살아나는 게 아니라 그 작품과 밀접하게 연관된 분들의 마음까지 치유되는 걸 옆에서 지켜보게 된다.

다음날 아침 미리 준비해둔 응급치료 박스를 싣고 연구원들과 현장으로 달려갔다. 분주하게 전시 준비를 하고 있는 전시장 풍경은 흡사 인테리어 공사 현장과 비슷하다. 원칙적으로는 전시 공간 조성 공사가 다 끝난 후 작품이 들어오는 것이 옳은 일이나 모든 것이 다급하게 진행되는 우리나라에서는 작품 옆에서 벽을 자르고 세우기도 한다. 전시장 조성 팀과 작품 전시 팀이 뒤섞여 정신없는 현장 한편에 아직 운송 상자에서 채 꺼내지 못한 거대한 작품 하나가 바닥에 누워 있었다. 어떤 사고였는지 특별히 설명을 듣지 않아도 금방 알아챌 만큼 부상 정도는 심각했다.

평면 배경에 오브제를 고정한 독일 현대 작가의 오브제들이 그야말로 가루가 되어 있었다. 석고를 이용해 오브제를 굳히고 고정한 작품인데, 작품이 조금 깨지거나 부서진 수준이 아니었다. 정말 가루가 되어 바닥에 깔려 있던 모습으로 보건대 작품이 위에서부터 무게에 눌려 터져버린 것 같았다. 담당 큐레이터는 침착하게 상황을 설명해주고 있었지만 그의 혼이 반쯤 나가 있다는 것은 누구든 알 수 있을 정도였다. 작품을 해외로 운송할 때는 목재로 된 널찍한 작품 상자crate를 사용하는데, 이를 너무 신뢰한 나머지 그 위에 다른 상자들을 쌓아두었다고 한다. 운송 도중 무게를 이기지 못한 상자의 상판이 휘다 못해 부러져버렸고 그 무게가 그대로 작품의 오브제를 덮친 것이다. 불행 중 다행으로 상판의 한쪽 면만 주저앉아 작품 전면에 고루 설치되어 있던 석고 오브제의 절반만 사고를 당했다. 이런 경우 복원가에게 물어보는 첫 질문은 당연히 치료가 가능하냐는 것이다. 만약 가능하다면 전시 전까지 복원이 가능하냐가 관건인데 나의 경우 운 좋게도 의뢰받은 작품 중 전시를 못 치른 작품은 단 한 점도 없었다. 그런데 이번 경우는 상처가 너무 심각했다. 현장에서는 가루가 된 오브제의 원래 모습조차 짐작이 불가능했다. 그나마 다행이라면 주 재질이 석고라는 것인데 만약 석고를 다루는 세계 대회가 있다면 나는 거뜬히 1등 할 자신이 있을 만큼 석고 작품 복원은 경험이 풍부했다.

현장에서 이런 대화와 점검은 정말 긴박하게 이루어져야 한다. 전시를 하루 앞둔 상황에서 1분 1초라도 더 복원 작업에 시간을 할애해야 하기 때문이다. 연구원들이 가능한 큰 조각을 중심으로 사고에서 살아남은 파편들을 모으는 동안 큐레이터는 사고 전 모습을 담은 고화질의 작품 사진을 찾아 재빨리 출력해왔다. 일단 큰 파편을 모아보니 기본 뼈대와 크기를 가늠할 수 있을 것 같아, 전시가 가능하도록 작업해보자고 제안하고는 급히 연구소로 돌아왔다. 나중에 알게 된 사실이지만 이번 전시 주요 출품작이기도 했던 그 작품은 워낙 중요한 작품이라, 주최측에서는 반이 파손된 상태로라도 전시를 감행하고자 마음을 먹고 있었다고 한다. 연구원들이 큰 파편들을 이리저리 돌려가며 사고 전 모습을 담은 사진과 비교해보기도 했지만 이번 경우는 아무리 보아도 손상이 너무 심각했다. 사진 참조는 포기하고 파편들 사이에서 처음 붙어 있던 조각 맞추기에 돌입. 한두 시간이 지나자 기본 뼈대의 모습과 크기를 가늠할 만큼의 조각이 모였다. 산산조각 난 청자 매병을 상상한다면 밑둥 반 정도만 그 모습을 드러낸 상태라고 생각하면 된다. 어느새 퇴근 시간이 되고 이제부터는 본격적으로 내가 작업할 시간이다. 연구원들이 퇴근하고 난 뒤, 사고 전 사진을 바닥에 죽 깔아놓고 반쯤 잃어버린 퍼즐 맞추기에 들어갔다. 그것도 두 개를 끝내야 한다. 파손된 오브제는 모두 세 개였고 가루가 된 두 개의 파편이 연구소로 왔으며 파편이 큰 세번째 조각은 현장에서 작업할 예정이었다.

석고 다루기에 익숙하다는 것은 물에 푼 석고 가루가 만들어내는 농도, 경화 속도와 그 정도를 잘 알고 있다는 것이다. 기존의 조각에 덧붙이는 부분은 농도를 묽게 시작해야 하고 모양을 새로 만들어야 하는 경우는 경화 속도에 맞추어 쌓아올라가야 한다. 일반적으로 석고는 주형에 부어 모양을 만드는 재료지만, 잘 다루는 사람들은 점토처럼 사용할 수도 있다. 하지만 설사 조형이 가능하더라도 경험이 부족하면 내부의 농도 차이로 경화 후 석고가 갈라지거나 층으로 떨어져나오기도 한다. 오브제 두 개의 형태가 완성된 것은 밤 11시쯤이었고 색맞춤까지 마치고 이를 포장해 상자에 넣었을 때는 자정이 훌쩍 넘어갔다.

다음날 전시장에서 완성된 오브제 재설치 작업과 비교적 파편이 크게 난 세번째 오브제 작업이 시작되었다. 현장에 도착해서 상자를 열었을 때, 큐레이터와 현장 스태프들은 완충제에 싸인 채 누워 있는 복원된 오브제를 마주하고서 아주 신기한 것을 본 사람들처럼 반응했다. 우선 그들은 가루가 된 오브제가 원래대로 다시 살아난 것에 놀랐고, 접합과 마무리 작업까지 마치고 난 후에는 정말 작품이 완벽하게 복원되었음을 실감하는 것 같았다. 작품이 소생하면서 큐레이터도 다시 생기를 찾기 시작했고 현장에 있던 외국인 책임자는 "나이스!Nice!"라고 외치며 환한 미소를 띤 얼굴로 엄지손가락을 세워 보여주었다. 처참하게 바스라졌던 거대한 작품이 당당하게 자신의 자리에 설치되는 것을 보고 나서야 비로소 나도 긴장의 끈을 놓을 수 있었다. 이런 작업을 하고 나면 보통 며칠 동안은 몸이 많이 아프다.

# 감쪽같이 되나요?

복원을 의뢰받으며 자주 듣는 질문 중 하나가 처리 후 감쪽같이 되느냐는 것이다. 조형예술작품은 외형의 완결성이 곧 작품의 가치와 연결되기 때문에 작은 흠이라도 감상에 방해가 되어서는 안 된다. 손상이 생겨 외형이 변형된 경우, 복원가로서 최선을 다해 작업한 결과물이 나 자신도 쉽게 손상됐던 부분을 찾지 못할 정도로 완성도 높기를 바란다. 그러나 외형의 '감쪽같음'보다 중요한 것은 무엇보다 작품 자체의 안정성이 확보되는 것이다. 예를 들어 작품의 주요 재료인 합성수지(플라스틱)가 세월의 흐름과 환경의 영향으로 급격히 색이 변하고 형태가 일그러져가고 있는데 '눈 가리기'식 화장이라도 하듯 표면 도색을 해달라는 작업 의뢰가 들어온다면 그런 작업은 정중히 거절할 것이다. 윤리적으로도 문제가 될 뿐 아니라 그런 작업을 한다 한들 이내 문제가 드러날 것임을 알기 때문이다.

얼마 전 야외 환경조형물의 상태 점검을 의뢰받았다. 담당자는 작품의 수명 유지와 관리가 어려워 복원할 작품보다는 폐기할 것 위주로 작품을 선별해달라고 요청해왔다. 이를테면 오래된 합성수지나 부패된 목재는 작품 주요 재질의 뼈대 구조가 분자 단위에서 무너져가는 현상이 발생하기도 한다. 하지만 그런 극단적인 경우가 아니라면 대부분의 작품은 구조를 보강하고 외형 복원을 거쳐 손상 전 모습을 찾아가게 된다. 외형 복원만을 두고 본다면 이렇게 비유할 수 있다. 예를 들어 대량 생산되는 자동차는 같은 공정을 거친 부품을 구할 수 있다. 그러므로 문짝이나 범퍼의 상처를 없애려 할 때 그 부위를 포함한 문짝 자체를 교체하면 새것처럼 될 것이다. 그러나 미술작품에 교체 부품 같은 것은 존재하지 않는다. 얼핏 교체할 부품을 새로 만들어 작품 일부를 통째로 교체하는 방식도 생각해볼 수 없는 건 아니지만, 이는 오리지널리티가 중요한 미술작품에 심각한 가치 변화를 초래하는 일이다. 따라서 작품을 복원할 때는 자동차를 수리할 때처럼 긁힌 곳을 포함한 주위를 연마하고 그 주변을 새로 도색하는 방식을 취할 수가 없다. 오로지 작품이 손상된 범위 내에서만 작업을 진행하는 것이 원칙이다.

우리가 눈으로 보아 감쪽같다는 것은, 작업된 부위와 그 주변의 색과 질감이 비슷해 차이를 알아채지 못한다는 의미다. 떨어지거나 없어진 표면의 질감은 여러 가지 메움제를 이용해 어렵지 않게 재현할 수 있다. 하지만 문제는 색이다. 색이란 것은 색상뿐 아니라 반사율에 따라서도 다르게 보이기 때문이다. 그래서 복원하기 가장 까다로운 것이 매끈한 표면에 광택이 없는 단색이고, 그다음이 광택이 있는 단색이다. 그러나 뭐니 뭐니 해도 가장 고난도 작업은 도색되지 않은 매끈한 석재나 금속 표면 작업이다. 이 두 가지 경우에는 표면을 연마해 흠을 없앨 수도 있지만 그것은 어디까지나 엄밀한 작품 해석에 따른 것이어야 한다. 반대로 외형 복원을 할 때 가장 부담이 적은 것이 울퉁불퉁한 표면에 알록달록한 작품이다. '마티에르matière'는 작품 표면 질감을 뜻하는 말인데, 마티에르가 복잡하고 색이 화려하게 사용된 작품은 대부분 나도 흠이 있었던 곳을 못 찾을 만큼 감쪽같이 복원되는 경우가 많고 의뢰인의 만족도도 높은 편이다.

흔히 받는 질문 중 하나가 색맞춤이 필요한 경우, 작가가 사용했던 것과 동일한 안료를 쓰면 똑같은 색이 되지 않느냐는 것이다. 결론부터 말하면 동일한 안료를 쓰더라도 대부분 기존 색과 맞지 않다. 미니멀한 단색 작품의 경우, 표면 일부가 긁히거나 찍혀 떨어져나갈 때가 있는데 작가나 작가 스튜디오에 문의하면 사용한 물감을 보내주기도 한다. 모빌로 유명한 알렉산더 칼더Alexander Calder의 경우, 모빌 한 부분에 해당하는 원색 한 통을 얻을 수 있었다. 작업할 때는 손상된 한 면의 색을 깨끗이 제거하고 프라이머층과 색층을 스프레이로 올린다. 가능하면 손상된 부위만을 정리하고 색맞춤 하는 것이 복원의 개념상 올바르겠지만 오리지널 색면이 변했다는 것은 단순히 색상뿐 아니라 표면 질감, 광택 등 여러 요소가 변화해왔다는 뜻이다. 그러므로 손상 주변 색층까지 새로 만들어주어 완전무결한 색면을 통해 작품의 가치가 드러나도록 복원한다.

세필붓에 물감을 찍어 긁힌 부분에만 세밀하게 발라주어도 물감의 표면장력 때문에 볼록하거나 오목한 면이 생길 수 있다. 색상도 기존에 도포된 색상과 완전히 똑같지 않을 수 있다. 이전 색이 시간의 흐름에 따라 변화했기 때문이다. 그래서 도색된 금속판이 사용된 작품의 경우, 작가측에서 보내주는 안료는 보통 해당 색면 전체를 제거하고 새로 도색할 것을 전제로 하는 경우가 많다.

어느 기업 소장품 가운데 광택 없는 파란색이 매력적인 작품의 한 귀퉁이가 떨어져나간 적이 있다. 템페라 기법을 차용해 작가가 스스로 제조한 파란색을 사용한 작품인데, 기업측에서는 작가에게 연락해 작가가 제조한 안료를 받아둔 상태였다. 복원을 의뢰한 쪽에서는 복원가가 작가를 대신해서 안료를 발라주었으면 했다. 나는 현장에서 작품을 확인하고는 작가가 보내준 안료가 맞지 않을 거라고 했다. 기성품이 아닌 이런 종류의 안료를 쓴 작품들에서 초기 색 변화를 경험한 적이 많았기 때문이다. 실제로 밀봉된 안료를 열어 테스트 조각에 발라 말린 후 작품 옆에 두고 보니 미세하게 색이 다름을 확인할 수 있었다.

인간은 눈을 통해 대상에 반사된 빛의 파장성과 입자성이 전달하는 에너지를 분별함으로써 색상을 인식한다. 물감은 안료라는 입자뿐 아니라 입자를 고정하고 있는 바인더, 즉 접착제와 섞인 것이기 때문에 우리 눈에 비치는 색상은 안료와 접착제를 모두 품고 있다. 안료 입자가 잘 변하지 않더라도 접착 성분인 고분자의 결합이 변하면서 미세하게 색감이 달라질 수 있다. 건조 과정에서뿐 아니라 충분히 건조된 후라도 고분자 화합물은 예외 없이 변해가는데 그 변화의 결과가 누르스름해지는 '황변'이다. 분자 단위에서 일어나는 변화는 이를 통과하거나 반사, 흡수되는 빛을 미세하게 변화시키고 결과적으로 작품 색을 변화시킨다. 나는 결국 작가가 보내준 안료를 쓰지 않고 아크릴릭 안료와 광택을 조절하는 첨가제를 섞어 색맞춤을 진행했다.

색맞춤을 포함한 부분적인 복원에 대해 꼭 알아야 할 사실은 복원된 부분이 미래의 어떤 시점에는 예외 없이 달라지리라는 점이다. 오리지널의 표면도 시간의 흐름에 따라 달라지고, 복원된 부분의 물성도 달라진다. 작가가 사용한 것과 동일한 물감과 기법을 사용했다고 해도 이 사실은 달라지지 않는다. 작업된 시점이 다르기 때문에 건조와 열화 과정이 달라져 복원된 부분은 필연적으로 드러나게 마련이다. 몇십 년 전 작가에 의해 덧칠된 부분이 현재 시점에서 맨눈으로는 잘 보이지 않더라도 자외선 촬영으로 확연히 구별되는 이유다. 복원가는 복원 부위에 꼭 작가가 사용한 것과 같은 재료를 쓰겠다고 고집하지 않는다. 오히려 복원 시점에 가장 잘 어울리는 마티에르(표면 질감)와 색상을 재현할 수 있는 재료를 선택해야 한다. 이때 가능하면 복원 재료 자체의 변성이 적고 복원된 부위를 이후에 다시 작업할 수도 있다는 점을 고려해야 한다. 복원이라는 것은 일정 기간 작품의 가치를 유지하는 수단이지 영원한 것은 아니다. 짧게는 몇 년에서 길게는 한 세대를 두고 재처리해가며 지속적으로 가치를 유지시키는 일이 복원이다. 어떤 이들은 이후에 다시 작업해야 하는 거라면 복원을 왜 해야 하느냐고 반문할 수도 있다. 그러나 손상 여부를 떠나 모든 작품은 자연의 섭리에 따라 변하는 것이기에, 작품의 가치는 꾸준히 돌봐야 유지할 수 있다. 인간도 나이가 들면 치료도 받고 꾸준히 관리를 받으며 건강을 유지하기 위해 노력하는 것처럼 예술작품의 손상이나 복원에도 같은 원리가 적용된다.

최근 야외에 설치된 화강석 작품 일부가 크게 파손되어 복원 작업을 진행했다. 의뢰인은 파손된 부분이 전혀 표시가 나지 않기를 원했기 때문에 깨져서 없어진 부분은 흔히 '강화몰탈'이라고 하는 수지(접착제)가 포함된 소석회 성분 메움제에 동일한 돌가루를 섞어 메운 후 색맞춤을 했다. 앞서 말한 것처럼 도색되지 않은 자연 상태 재질의 경우 그 질감을 재현하는 것은 까다로운 일이다. 안료를 사용해서 극사실화 기법으로 화강암 표면을 그려주더라도 조명 상태가 바뀌면 달라 보이게 된다. 이런 경우 복원이 막 끝났을 때 수용자가 외형을 보고 느끼는 만족도도 중요하므로 암석 느낌이 나도록 안료를 아주 조금 사용해서 점묘 기법으로 색맞춤을 하게 된다. 그렇게 몇 년 정도 지나면 복원된 곳은 조금 색이 짙어진다. 그래서 막 복원이 끝나는 시점에서는 약간 밝은 톤을 남겨두고 작업을 끝내기도 한다.

복원 후, 의뢰 기관의 높은 분이 둘러보고는 복원한 곳이 감쪽같지 않고 표시가 난다고 지적했다는 이야기를 들었다. 예상한 반응이었다. 복원 작업을 처음 경험하는 사람들은 복원을 하고 나면 마치 시간을 사고 이전으로 되돌린 듯 감쪽같이 새 작품이 될 거라고 기대한다. 하지만 그런 일은 거의 기적에 가까울뿐더러 설령 그렇게 할 수 있다고 해도 당장의 모습이 아니라 야외에서 몇 년을 지낸 후에 작품이 어떻게 보일 것인가를 고려해야 한다. 특히 작품이 야외에 있는 경우에는 기상이나 온도, 습도에 따라 여러 가지 변수가 많이 작용하기 때문에 지금 당장 눈에 띄지 않게 색맞춤 하면 나중에는 그 부분이 다시 변색되어 오히려 다른 부분과 맞지 않을 수도 있다.

작품이 손상된 적이 있다는 사실, 그리고 어떤 부분이 손상

됐는지까지 정확하게 아는 사람이 매의 눈으로 작품을 바라봤을 때 그 시선을 무사히 통과할 복원가는 아무도 없다. 시간을 되돌리지 않는 이상, 복원된 부위는 복원가에 의해 다른 것으로 대체되기 때문이다. 그럼에도 불구하고 복원가는 욕망한다. 그 매의 눈을 통과하기를. 마치 무술을 하는 사람이 한 번쯤 무협지에 나오는 절대 고수를 꿈꾸는 것처럼.

# 복원하면 가치가 떨어지나요?

복원 후 작품 가치가 '하락'할까 염려해 문의를 해오는 분들이 많다. 작품 복원이 무사히 끝났음에도 복원 사실을 애써 숨기고자 하는 심리도 같은 맥락이다. 복원된 작품은 손상을 입은 작품이니 건강을 잘 지켜온 작품에 비하면 당연히 작품가가 낮게 평가될 것이다. 하지만 문제는 이미 손상된 작품을 두고 "복원하면 가치가 떨어지느냐"는 질문을 던지는 경우다. 갈라지고 표면이 많이 떨어져나간 유화 작품은 전시도, 판매도 하기 힘들다. 그러니 그대로는 작품 자체의 가치를 이야기할 수 없다. 전시와 감상의 대상인 조형예술작품이 손상되어 그 역할을 다할 수 없다면 그것은 작품으로서 모든 가치를 상실했다는 의미이기 때문이다. 그러니 그런 상황에서 복원을 해 다시 전시와 감상이 가능한 상태가 되었다면 작품의 가치가 올라가는 것은 의심할 여지가 없다. 복원이 잘못되어 원래의 손상이 다른 형태의 손상으로 변한 경우가 아니라면, 손상된 채로 두는 것보다 복원하는 것이 당연히 작품의 가치를 올리는 길이다. 그럼에도 유독 우리나라에서는 일반인뿐만 아니라 다년간 미술계에 종사한 큐레이터나 미술 이론가조차 같은 질문을 하는 경우가 많다.

현관 입구에 걸어두었던 100호 유화 작품에 커다란 구멍이 뚫렸다며 작품 처리를 의뢰받은 적이 있다. 작품에 구멍이 뚫리는 사고는 제법 흔하게 일어나는데, 가구나 각진 물건을 옮기다 모서리 부분이 찍혀서 그렇게 되는 경우가 많다. 작품을 보니, 유화 물감이 두껍게 스며들어 캔버스가 마치 거대한 유화 덩어리 같던 작품은 앞면이 무엇인가에 긁히고 눌려 마치 분화구 같은 형상을 하고 있었다. 유화는 탄성이 있어 어느 정도 변형되더라도 휘거나 펴기가 까다롭진 않지만 두껍게 칠해져 울면 갈라지고 떨어질 위험성이 크다. 더욱이 변형된 채로 시간이 오래 흐르면 유화는 그 모양대로 굳어간다. 골절 환자가 제때 치료받지 않고 오랜 시간을 견디면 부러진 상처 그대로 뼈가 굳는 것과 같은 이치다. 그렇게 되면 제자리로 돌아오기까지 오랜 시간이 걸리고, 여러 치료법이 필요하다.

우선 휜 채로 굳어가는 유화층은 스팀과 화이트 스피릿white spirit을 이용하여 이틀 동안 조금씩 제 위치를 잡아주었다. 나흘

째 되던 날, 분화구 같던 구멍은 사라졌지만 찢어져 벌어진 상처가 딱 들어맞지 않고 서로 겹쳤다. 외부 충격으로 화면이 터지고 밀리면서 늘어났으니 상처가 맞지 않는 것이 당연한 일이었다. 결국 닿는 면을 1밀리미터 이하로 잘라내어 상처를 맞춰주기로 했다. 이후 과정은 메스를 든 상태에서 판단해가며 우여곡절 끝에 작품을 복원했다.

작품 전면의 상처가 아물고 나서는 뒷면의 질감과 색까지 맞춰주었다. 보이지도 않을 작품 뒷면의 외형까지 복원한 이유는 독특한 뒷면이 지닌 가치를 생각했기 때문이다. 뒷면이 보이도록 의도된 작품은 아니지만 독특한 뒷면의 모습에서도 이 작가의 작업 기법이 드러난다고 생각했기 때문이다.

복원 후 화면의 상처는 작업자도 찾기 힘들 만큼 잘 마무리되었고 뒷면 모습도 주의를 기울이지 않으면 차이점을 느끼기 어려웠다. 모든 작업 내용과 사용된 약품, 재료와 세부 사진이 담긴 보고서를 작품과 함께 의뢰인에게 보냈다. 작품을 받은 의뢰인은 매우 만족해하며 감사 인사와 함께 복원 사실을 비밀로 해달라는 당부를 덧붙였다. 이러한 부탁은 별로 낯설지 않다. 그런 부탁을 하는 이유는 작품의 상처로 인한 마음의 상처를 잊기 위함일 수도 있지만 대개 복원 후 작품 가치가 떨어질 것이 걱정스러워서다.

복원 사실을 비밀로 해달라는 이유는 크게 두 가지 때문이라고 나는 짐작한다. 첫째는 골동품에 가격을 매기는 TV 프로그램의 영향 때문이다. 이 프로그램의 익숙한 풍경 중 하나는 골동품마다 관련 전문가들이 출연해서 이 부분은 복원, 혹은 수리가 되었다며 감정가를 낮추는 모습이다. 이런 장면이 은연중에 수리나 복원을 한 작품은 낮은 감정가를 받는다는 인상을 심어준 것 같다. 출연한 감정위원들이 "이 유물은 손상되었으므로 완벽한 상태에 비해 감정가가 낮아 얼마인데, 만약 수리·복원이 잘된다면 그보다 높은 얼마입니다"라고 친절히 설명해주면 좋겠다는 생각도 해보지만, 대부분 누가 어떻게 수리하고 복원했는지 모르는 상태에서 복원 후 가치를 평가하기는 어려울 것이다. 또한 당시 감정위원들이 생각한 수리·복원이라는 것이 전문가의 이름을 건 전문 영역이 아니었을 가능성이 크다.

둘째는, 복원 의뢰자가 작품이 손상되었다는 사실 자체를 숨기고 싶어하는 심리에서 비롯된다. 실제로 복원된 작품을 거래할 경우 복원 사실을 사전에 밝혀야 하는지 문의하는 경우가 많다. 나는 당연히 밝혀야 하며 그 경우 복원 처리 보고서를 첨부하여 작품을 보낼 것을 제안한다. 그러면서 꼭 덧붙이는 이야기가 있다. 대부분의 명화, 명작, 오래된 미술작품은 모두 보존 복원 전문가들에 의해 치료받는다는 사실이다.

꼭 뚫리고 찢기지 않았더라도 오래된 작품, 특히 유화 작품은 재료의 특성상 유화의 상태가 변하고 캔버스가 오래되어 늘어지면서 작품 자체를 버틸 힘을 잃게 된다. 게다가 과거에는 작품이 먼 거리를 이동할 때 작품을 나무틀에서 떼어내 둘둘 말아다니던 것이 일반적이었다. 그러니 오래 전 그려진 명화들은 아마도 거칠게 다루어졌을 것이다. 우리가 세계명화집에서 보거나 해외 유명 미술관에서 줄 서서 만나는 작품들은 대부분 전문 보존복원가에 의해 끊임없는 치료와 관리를 받아온 작품들이다.

미술사에 길이 남을 피카소의 〈아비뇽의 처녀들〉도 피카소가 둘둘 말아다니며 파리 시내를 전전했던 작품이라 여러 번 복원 과정을 거쳤고, 몇십 년 전에는 미국에서 바니시를 잘못 바르는 사고까지 당한 이력이 남아 있다. 전 세계적으로 사랑받는 〈모나리자〉가 보존복원 작업을 지속적으로 받지 않았더라면 지금과 같은 상태가 될 수 있었을까? 16세기 초에 그려져 500년 이상을 살아온 그녀를 지금도 마주할 수 있는 것은 아마도 지속적으로 관리해주었기 때문일 것이다.

한국에서는 유달리 문화재 복원과 미술품 복원의 (차별과) 경계가 뚜렷하다. 한국은 유물 보존과 관리 분야에서는 40년 역사를 자랑하며, 관련 학과가 있는 대학도 여섯 개나 된다. 그러나 미술품 보존과 관리는 관련 업계 종사자나 미술대학 학생들조차 배울 수 있는 기회가 드문, 여전히 낯설고 생소한 분야다. 굵직한 해외 유명 작가들의 특별전을 많이 기획한 어느 갤러리 관장님이 이름만 들으면 알 만한 유명 작가의 작품 한 점을 보여주며 보존 처리 상담을 요청해온 적이 있다. 미술작품에 대한 애정과 관심이 남다른 분이었는데 복원에 대해서는 다소 소극적인 편이었다. 그런데 피카소의 작품 〈꿈Le Reve〉에 관한 복원 기사를 접하고 그의 통념이 깨졌다고 했다. 앞에서 말한 "복원을 하면 가치가 떨어질지도 모른다"는 막연한 통념 말이다.

2013년 카지노 갑부로 유명한 미국의 억만장자 스티브 윈Steve Wynn은 동료 억만장자이자 헤지 펀드 매니저인 스티브 코헨Steven Cohen에게 피카소의 〈꿈〉을 1억 5천 5백만 달러(약 1720억 원)에 팔았다. 그런데 원래 이 작품은 2006년 코헨이 1억 3천 9백만 달러에 구입하기로 되어 있었다. 7년 사이 무슨 일이 생겼던 걸까.

2006년 피카소의 〈꿈〉을 코헨에게 팔기로 했을 당시 스티브 윈은 대화 도중 실수로 팔꿈치로 작품에 구멍을 냈다. 긴 쪽의 폭이 6인치(약 15센티미터)쯤 되는 구멍이었다. 이후 광범위한 복원 작업이 이어졌고, 그림은 7년이 지나서야 코헨에게 돌아갔다. 그리고 작품가는 1천 6백만 달러가 올라 있었다. 일반적으로 생각할 때 작품에 문제가 생겨서 수리를 했으니 작품가가 낮아졌을 거라 생각할 수 있다. 그러나 작품은 복원 과정을 거쳐 이전보다 훨씬 좋은 상태가 되어 있었다. 복원비는 9만 달러였지만 완벽하게 복원된 작품의 가격이 처음 제시한 가격보다 훨씬 오른 것이다.

대부분의 예술작품은 유일무이한 경우가 많기에 복원 여부와 상관없이 작품의 가치는 쉽게 떨어지지 않는다. 같은 작품인데 여러 개의 에디션이 있고 그중 하나가 손상된 거라면 손상되지 않은 작품보다는 손상된 작품의 가치가 당연히 떨어질 것이다. 하지만 대부분의 예술작품은 하나인 경우가 일반적이고, 설령 여러 개의 에디션이 있다고 하더라도 손상된 채로 두는 것보다는 조금이라도 빨리 다친 곳을 치유하는 것이 최소한 그 작품의 가치에 더이상 해를 입히지 않는 방법이다. 그러므로 한 세대 이상 지난 작품이라면 전문가가 건강 상태를 살펴보게 하는 것이 작품 자체의 가치를 위해서도 재화 가치를 위해서도 필요하다.

소중한 미술작품은 무엇보다 사고를 당하지 않도록 주의하는 것이 중요하다. 다만 불의의 사고를 당했다면 빨리 충격에서 벗어나 전문 병원을 찾아야 한다. 잊고 싶은 사고겠지만 치료 후 대부분의 작품은 미처 몰랐던 병까지 치료받고 건강을 되찾게 된다. 복원된 작품은 살아가는 시간 속에 한 가지 이야기가 더해져 새로운 가치가 생기는 것이라고 믿는 건 그저 복원가들만의 꿈일까.

# 작가
# 권진규

권진규 작품과의 인연은 호암미술관 보존연구소에서 시작되었다. 작가의 형님 집이 재개발되면서 집 내부 벽에 있던 부조 작품을 유족이 삼성문화재단에 기증했다. 방안 벽에 아주 얇게 모르타르로 형상을 올라오게 하고 인물 형상 등에 흰색을 바른 부조 작품이다. 벽체로부터 분리해 가져온 작품은 얇게는 수 밀리미터밖에 안 되는 모르타르 층이었고 이것을 전시 가능한 형태로 만드는 데 5개월을 매달렸다. 이후 국립현대미술관에서 일할 때 권진규의 작품들을 대거 복원할 기회가 생겨 조각가 권진규가 어떠한 사람인지 누구보다 가깝게 느낄 수 있었다. 복원가는 작가를 제외하면 그의 작품을 가장 가까이서 만지고 느낄 수 있는 특권을 누린다. 오랫동안 권진규의 작품을 복원하면서 가장 크게 느낀 점은 그가 무척 섬세한 사람이라는 것이다.

점토는 보통 작은 덩어리를 뭉쳐 큰 덩어리에 붙여가는 소조 작업을 통해 형태를 만들어간다. 일반적으로는 수제비를 뜨는 정도의 밀가루 덩어리만큼을 붙이고 매만지며 세부를 표현하지만 권진규는 유난히 작은 콩알만한 크기의 점토를 붙여가며 작업을 했다. 작품을 한발 떨어져 감상할 때엔 이런 것까지 보이진 않는다. 복원을 위해 확대경을 끼고 내부를 들여다보고 손끝으로 더듬는 동안 이 작은 분자들의 결합이 보이기 시작한다. 〈지원의 얼굴〉이나 〈마두馬頭〉로 대표되는 권진규의 형상들이 정제된 추상화의 과정을 따르면서도 그 안에 살아 움직일 듯한 생명의 긴장감을 지니고 있는 것은 아마도 고집스럽게 심어넣은 작은 세포들의 떨림에서부터 오는 것이 아닐까?

감상자들이 눈을 통해서만 작품과 작가를 만난다면 복원가는 좀더 많은 감각의 힘을 빌릴 수 있다. 과장처럼 들리겠지만 깊은 밤, 작품을 고요히 홀로 마주하고 안과 밖을 조심스레 살피다보면 작가의 세심한 숨결과 손길이 느껴짐은 물론 어떤 날은 작품이 자신의 이야기를 들려주기도 한다.

호암미술관에서 부르델 조각공원을 만들 때였다. 오랫동안 야외에 전시되어 있던 앙투안 부르델의 조각들을 한곳에 모아 표면 작업을 하고 마지막으로 왁스 코팅을 하던 중의 일이었다.

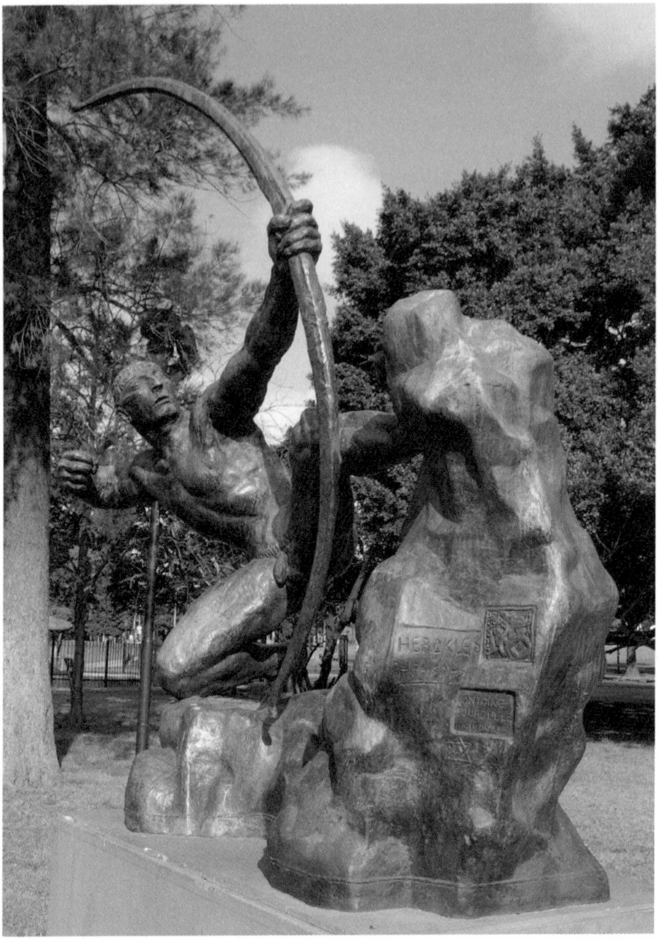

앙투안 부르델, 〈활 쏘는 헤라클레스〉.

그의 대표작 〈활 쏘는 헤라클레스〉의 표면에 불을 가해 뜨겁게 만들고 왁스를 입히는 도중 좌대 위에서 중심을 잡기 위해 동상을 껴안게 되었다. 동상의 거대한 흉곽에 팔을 두르는 순간 차갑고 딱딱한 청동의 표면 아래에서 근육과 뼈, 터져나올 듯한 내장의 긴장감이 느껴지며 순간 소름이 돋았다. 분명히 조각가는 청동으로 떠내기 전, 점토를 뭉쳐 피부 표면의 굴곡을 다듬어 몸을 만들었을 텐데 그 안에 인간의 모든 것을 담아낸 것이다. 그것도 살아 숨쉬는……

서로 다른 두 작가의 이야기이지만 부르델과 권진규에게는 기묘한 인연이 숨어 있다. 권진규가 일본 무사시노 대학에서 공부할 때 그의 일본인 스승이 부르델의 제자였다고 한다. 스승의 스승으로부터 받은 영향일까, 권진규의 작품은 인물상의 모습도 그렇고 종종 발견되는 신화적인 요소도 그렇고 서구적인 분위기를 많이 풍긴다. 물론 좁은 광대에 콧날이 오똑했던 권진규 자신의 외모가 서구적 풍모를 풍기기도 했고 작가들이 작품 속 인물에 자신을 투영하는 경향이 있는 것도 사실이다. 권진규가 자주 다룬 '말'이라는 소재나 추상화하는 방법에서 이탈리아 조각가 마리노 마리니Marino Marini가 연상되기도 한다.

권진규에게는 유난히 테라코타 작품이 많았다. 작업실 내에 작은 가마를 마련하고 점토로 형을 만들어 석고로 틀을 뜨고 그 석고 틀 안에 테라코타 점토를 눌러 떠낸 형상을 이어붙여

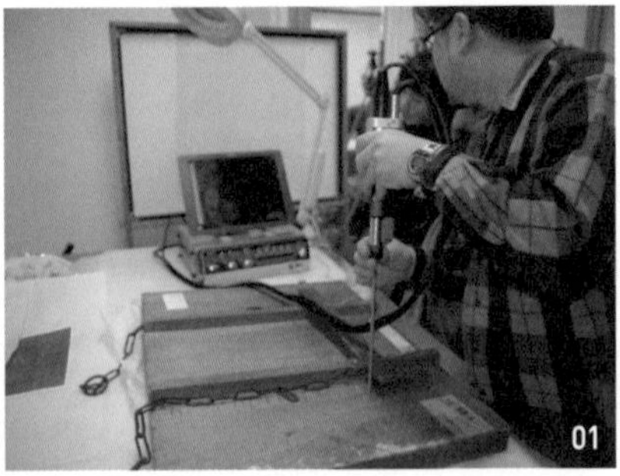


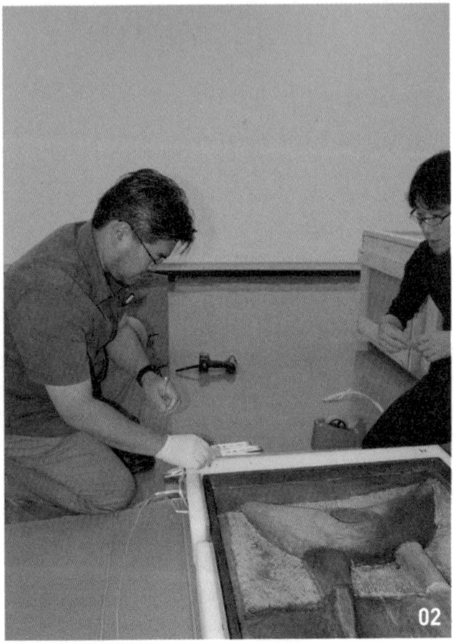


**01** 권진규 부조를 내시경으로 관찰했다.
**02** 일본에서 권진규 전시를 준비하며.

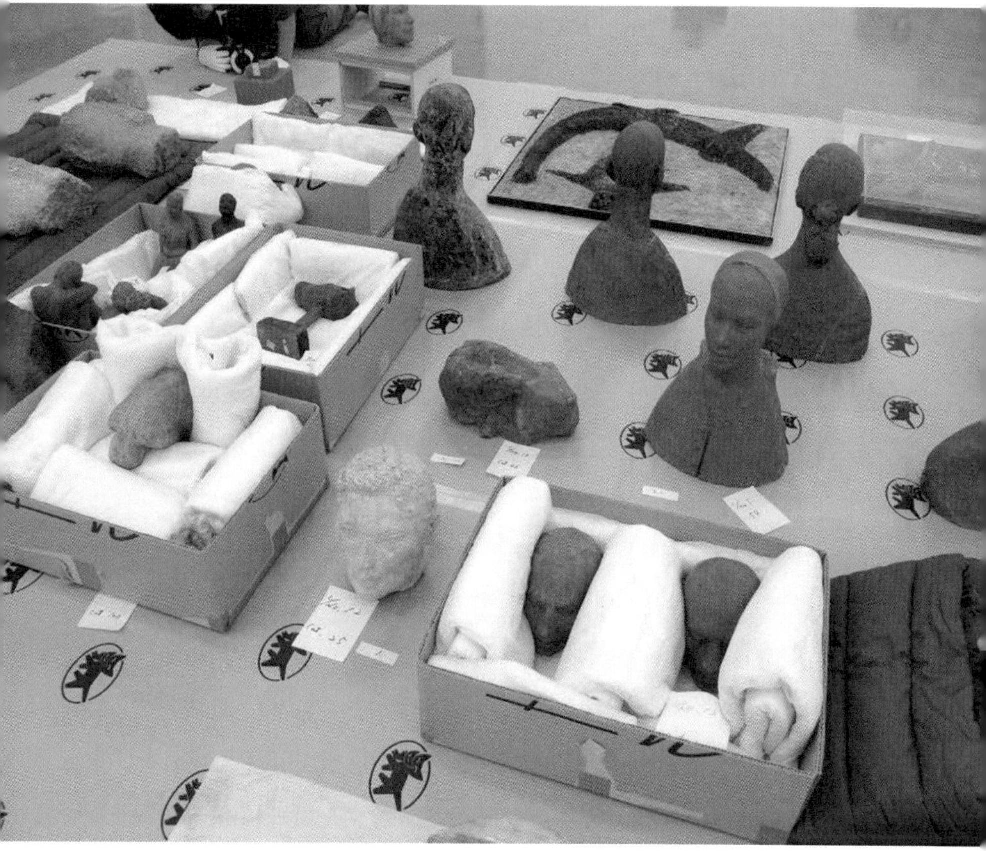

권진규의 작품들.

직접 가마에서 구워냈다. 테라코타는 800도에서 1000도 사이에서 구워내는 토기나 석기에 해당하는 도자기 조각이다. 충분히 넓은 가마가 아니기에 작품 면에 고르게 열이 닿거나 산소가 차단되지 못해 군데군데 얼룩이 생기고 부스러지기도 한다. 특히 입체로 된 둥근 형태를 틀로 나누어 형을 떠내고 이후에 조각을 맞추어 붙여내다보니 이음새가 약한 단점도 있다. 그러나 어쩌면 단점으로 작용할 수도 있는 그 불완전함과 연약함 속에 작가는 한 점도 빠짐없이 자신의 손으로 해내고자 했던 고집스러움을 담아냈다. 단단함과 영원성을 담보한 청동보다 생명의 원천이자 회귀점인 흙을 고집했고, 깨지기 쉽고 흠이 많은 기법을 선택한 조각가 권진규는 어둡고 작은 작업장에서 형상이 아닌 연약한 생명체들을 빚어내고 있었는지도 모르겠다.

권진규 작품과의 인연은 일본 무사시노 대학 미술관에서 그의 회고전을 기획해, 내가 쿠리에로 일본에 방문했을 때도 이어졌다. 이 전시는 덕수궁미술관과 일본 무사시노 대학에서 차례로 열렸고 나는 작품 110여 점의 건강 상태를 책임지게 되었다. 이전에 그의 작품 20여 점을 복원한 적이 있었는데 대부분 테라코타 부조의 구조가 약해지면서 생긴 문제들이었다. 무게가 나가는 테라코타 판을, 합판과 각목으로 짠 액자 역할을 하는 판위에 석고를 접착제로 고정한 것들인데 충격에 약한 석고가 그간 세월의 무게에 갈라져버린 것이다. 복원은 석고를 이용해 깨진 테라코타를 다시 고정하거나 없어진 조각을 복원하는 방식으로 진행됐다.

그때의 경험을 생각하며 전시를 위해 운송된 작품 상자들에서 작품이 나왔을 때 부조들을 좀더 세심히 살펴보았다. 내부 구조의 파손은 육안으로는 확인하기 힘들기 때문에 라텍스 장갑을 낀 손으로 조심스럽게 테라코타 판을 눌러봐야 했다. 권진규의 부조를 치료해보지 않았다면 겉으로는 별 탈 없어 보이는 외양만 보고 스쳐지나갈 수도 있는 지점이었다. 역시나 한 작품에서 흔들림이 감지되었고 현장에서 임시 고정 작업을 진행했다. 이외에도 추상적 형태의 두상이 상자 밖에 나왔을 때 목에서 분리되어 있었다. 이것 역시 전시장 한쪽에서 응급 처치를 했다. 하루에 100여 점이 넘는 작품을 상태 점검하는 일만도 상당한 강행군인데 위의 두 점을 포함해 작품 세 점의 현장 치료까지 정신없이 진행하고 나니 아프지 않을 도리가 없었다. 그날 밤 호텔방에서 진통제로 버티며 심하게 앓았던 기억이 난다.

# 쿠리에, 그림을 지키는 기사

쿠리에courier의 사전적 의미는 전령, 안내자, 특사 등이지만 미술관에서는 전시될 작품과 함께 방문하는 사람을 뜻한다. 예를 들어 전시를 기획하고 작품을 대여한다면 소장처에서 운송된 작품들과 함께 쿠리에가 방문해 작품 상태를 체크하고 인수증 확인 등 실무를 진행한다. 따라서 쿠리에는 일반적으로 박물관이나 미술관에서 작품 보존과 관리를 담당하는 사람이 맡게 된다.

전시 기획자인 큐레이터가 작품의 소장처인 미술관, 갤러리 혹은 개인 소장가나 작가와 협의해 대여를 결정하면 전시 주제에 맞게 전시장 디자인과 시설 공사가 시작되고 대여한 작품의 현장 상태 조사와 함께 작품 전문 운송 회사를 통한 포장 및 운송이 시작된다.

작품은 전시장이 다 준비된 후 전시 시작 직전에 운송하는 것이 이상적이다. 대여처 사정상 미리 운송된 작품의 경우 보안 설비가 갖춰져 있고 환경이 좋은 임시 수장고에 보관해두기도 한다. 작품 운송 전문 회사는 미리 작품 크기를 측정해 작품별로 적합한 운송 상자(크레이트crate)를 준비해 작품을 포장한 후 이를 차량에 싣고 이동한다. 이때 항·온습 시설을 갖추고 도로면 진동을 흡수하는 무진동 차량이 동원된다. 외국으로 작품이 오고 갈 경우는 비행기나 선박을 이용하게 되는데 선박의 경우 화물칸의 습기가 높고 이동 시간이 길기 때문에 가능하면 항공 운송을 이용한다. 예전에 칠레에서 한 달간 배로 운송된 작품 상자를 본 적이 있는데 전면이 곰팡이로 덮여 있어 처음에는 상자를 융단으로 감싼 줄 알았다.

전시 시작을 하루이틀 앞두고 도착한 작품은 포장된 상자째로 전시장까지 옮겨와 작품이 전시될 벽이나 전시대 바로 앞에서 상자를 열게 된다. 운송용으로 제작된 상자는 내부에서 작품을 안정적으로 고정하고 있기에 가능하면 작품 자체를 직접 들어 옮길 거리를 최소화하기 위해서다. 전시장에 도착한 작품 상자를 열고 작품을 꺼내는 순간에는 대여한 측의 보존 전문가, 소장처의 쿠리에 그리고 운송사 담당자 3인이 배석해야만 한다. 운송 전 작성한 상태 조사서를 꺼내놓고 면밀히 작품 상태를 확인한 후 이상이 없을 경우 세 사람이 서명을 하면 작품 이동에 관한 일은 일단 마무리된다. 상자를 열어 작품을 막 꺼냈을 때 일부가 깨지거나 손상된 경우가 있는데, 작품의 손상 시점이 매우 중요하기 때문에 그 자리에 없다는 것은 자칫 억울한 입장에 처하거나 정당한 권리를 주장하지 못할 수도 있음을 의미한다.

물론 운송중 벌어진 사고에 대해서는 운송사가 보험을 통해 복원비나 작품값을 변상하게 된다. 하지만 상자에 넣기 전 상태 조사가 면밀히 이루어지지 않았거나, 혹여 했더라도 소장처뿐 아니라 제3자나 특히 운송 담당자의 확인이 없었다면 사고의 원인을 밝히기 힘들어질 수도 있다. 규모가 큰 미술관은 전문 운송사와 계약하면서 전시 설치까지 운송사에 일임하는 것이 일반적이다. 경미한 손상의 경우 보통 잘 합의해서 복원하지만 가치가 아주 높은 작품이거나 소장가나 작가가 까다롭다면 전시 주최측이나 운송사는 매우 곤란한 일을 겪게 될 수도 있다. 예전에 운송하는 과정에서, 그리고 전시하는 동안 발생한 작품 손상을 두고 소송이 진행되어 법원의 요청으로 자문에 응한 적이 있다. 두 건 모두 소장가나 작가가 천문학적인 배상금을 요구하고 있었다. 이 경우 보존복원 전문가로서 작품의 복원이 가능한지, 복원한다면 작품의 가치는 변화하는지, 복원 비용은 어느 정도인지 등에 관한 의견을 제시하게 된다.

전시가 끝난 후 되돌아갈 때는 전시 주최측에서 쿠리에가 되어 작품을 가지고 돌아가며 위와 같은 과정을 밟게 될 것이다.

한번은 작가가 전시 후 되돌려받은 작품에서 긁힌 자국과 함께 이상한 점을 발견하고는 미술관을 찾아가 심하게 항의한 적이 있었다. 해당 미술관의 담당 큐레이터가 내게 도움을 요청했고 그는 상황을 설명하다가 속상해하며 눈물을 보이기도 했다. 이후 문제가 된 청동 작품을 복원하려고 받아보니 부분적으로 긁힌 자국과 함께 작품 표면에 시커먼 때 같은 것이 얼룩져 있었다. 게다가 그 얼룩은 쉽게 묻어났다. 얼룩의 정체는 크고 작은 흠집을 가리기 위해 누군가가 발라놓은 검정색 구두 왁스였다.

큐레이터가 억울해했던 점은 이 작품이 전시 전에 작가로부터 직접 받은 것이 아니라는 점이었다. 큐레이터는 이전에 다른 곳에서 전시된 작품을 전시 후에 그곳으로부터 받았다. 긁힌 상처야 미술관에서 발생했다손 치더라도 구두왁스 건은 자신은 전혀 모르는 일이고 정황상 미술관에서 그런 일이 벌어졌을 가능성이 희박하다는 것에는 나도 동감했다. 이전 미술관으로부터 처음 이 작품을 받았을 때 상태 조사를 꼼꼼히 했더라면 얼마든지 피할 수 있었을 일인데 안타깝게도 그곳에서는 아무도 상태 조사의 필요성은 물론이거니와 작품의 상태에 대한 인식 자체를 가지고 있지 않았다. 나는 그 작품을 복원했고, 작품 제작부터 완성 후 세세한 부분에 이르기까지 무척 까다로운 것으로 유명한 작가께서 다행히 복원 후 말끔해진 모습에 만족하셨다.

현대미술작품의 경우 재질이 본래 약하거나 복잡한 형태의 설치작품 등은 미세한 흔들림만으로도 작품 일부가 떨어지거나 변형되는 경우가 있어 이동중 손상되는 경우가 많은 것이 사실이다. 전시가 잘 끝나고 무사히 작품이 돌아가는 것이 이상적이겠지만 혹시나 발생할 수 있는 문제를 분쟁 없이 잘 해결하려면 꼭 적절한 과정을 거쳐야 한다. 포장 직전과 도착 후 포장을 풀 때 서명이 갖추어진 잘 정리된 상태조사서와 함께 3인이 현장에 동석하는 것이 중요하다. 특히 외국과의 교류전이라면 꼭 이 과정을 지켜야 한다.

2006년 국립현대미술관에서 일하던 때 있었던 일이다. 아르키펭코Alexander Archipenko의 작품 전시를 위해 소장처 담당자인 독일인 큐레이터와 한국 전시 전 같은 전시를 끝낸 이탈리아 쿠리에와 함께 과천 국립현대미술관 전시장에서 작품 상자를 열게 되었다. 상자를 열고 옮기는 과정은 모두 운송사 전문가들의 손에서 이루어졌는데, 50센티미터 안팎의 비교적 작은 목조각이 든 상자를 여는 순간 현장에 있던 모두는 작품에 이상이 있음을 감지했다. 동일한 형태에 서로 다른 재질의 작품 두 개가 함께 포장되어 있었는데 청동으로 만들어진 부분은 정상인 데 반해 목재로 된 작품은 상단부가 떨어져 있었던 것이다. 꺼내고 보니 가늘게 접합된 면에서 떨어진 흔적이 분명히 보였다. 포장 전 이탈리아에서 작성한 상태조사서에서는 이상이 없다고 돼 있었으므로 운송중 발생한 진동이나 충격 때문에 손상된 것이 분명

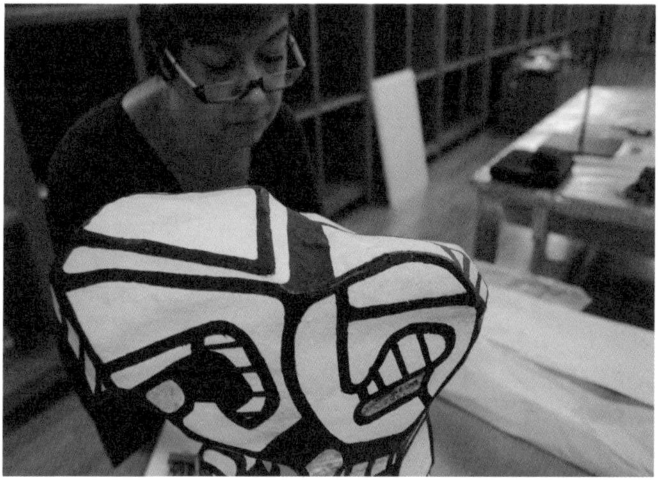

프랑스에서 온 쿠리에가 장 뒤뷔페전을 앞두고 작품 상태를 점검하고 있다.

했다.

전시 오픈을 하루 앞둔 상황이어서 나는 손상된 나무 에디션만 다시 포장해 독일로 가져간 후 복원 처리를 할 것인지 아니면 이곳에서 복원한 다음 전시할 것인지 물어보았다. 현장 복원 쪽으로 의견이 모아져 나는 재접합 방식과 거기 사용할 접착제 등을 제안했고 독일인 큐레이터를 포함해 세 사람의 합의하에 현장에서 복원이 진행됐다. 그렇게 무사히 전시와 반환까지 마칠 수 있었다. 독일과 이탈리아 쿠리에는 물론 소장가도 이후 한국 측 운송사에 어떠한 책임도 묻지 않았다. 작품 형태나 구조상 충분히 벌어질 수 있는 손상이라는 점을 모두 이해했고, 이후 작품이 전문가에 의해 합리적으로 복원된 것을 무리 없이 받아들였기 때문이다.

그 밖에도 국립현대미술관에서 일하는 동안 쿠리에로서 작품과 함께 대여처에 방문하거나 반대로 외부에서 온 쿠리에들과 협력할 기회가 많았다. 아르헨티나와 칠레는 중남미 한국미술 전시를 위해, 일본은 민중미술전을 위해 국립현대미술관 소장품과 함께 갔었고, 마리노 마리니전 때는 작품의 상태 조사와 인수, 운송 절차 등을 처리하기 위해 이탈리아에 갔다.

마리노 마리니 작품 100여 점 중 작가의 고향인 이탈리아 토스카나의 피스토이아Pistoia 소재 미술관에서 절반 정도, 피렌체의 마리노 마리니 미술관에서 나머지 작품들을 인수하게 되었다.

현지에서 포장 및 공항까지의 운송은 '아스테리아'라는 이탈리아 운송사가 담당했다. 그래서 유럽 전역에서도 정평이 나 있는 미술품·유물 포장운송회사인 아스테리아가 작업하는 모습을 볼 수 있었다.

나는 세계 각국에서 작품을 품고 들어오는 상자들의 만듦새에 이전부터 관심이 많았다. 작품 포장 상자를 제작하는 운송사의 공방에 방문했던 경험을 잊을 수 없는 기억으로 간직하는 이유도 그 때문이다. 소위 문화선진국일수록 포장 상자의 만듦새도 뛰어남을 체감했고 아스테리아 사의 파란 상자는 특히 인상에 깊이 남아 있었다. 외국에서 작품 상자가 들어오면 지나칠 만큼 열광하는 내 모습이 주위 사람들에게 이상하게 비쳤을지도 모르지만 미술작품은 이동중에 가장 많이, 또 크게 손상된다는 사실을 생각한다면 포장 상자의 구조나 만듦새에 보존가로서 관심을 갖는 것은 당연한 일이다. 포장 상자는 작품이 옮겨지는 동안 외부 충격이나 환경의 변화로부터 작품을 지키는 역할을 하기 때문이다.

약 일주일간 피스토이아와 피렌체에서 작품 상태 조사와 포장 과정 점검, 인수에 필요한 서류 작업이 순조롭게 끝나갈 무렵 믿을 수 없는 상황이 벌어지고 말았다. 이탈리아에서는 마리노 마리니처럼 대표적인 자국 작가의 작품을 정부에서 관리하는데 작품을 실은 트럭들이 공항으로 향하기 직전 이탈리아 문

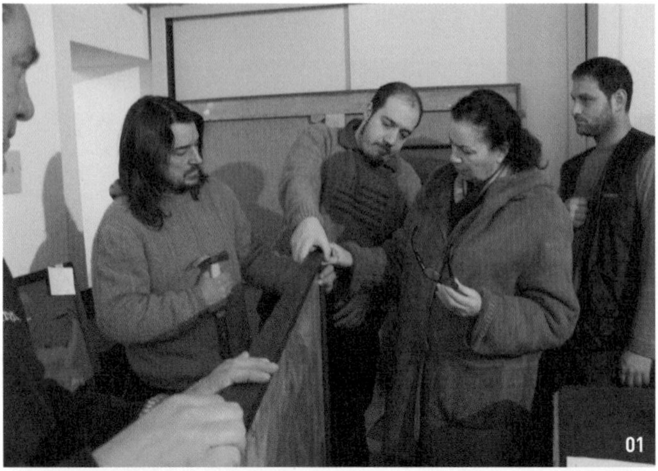

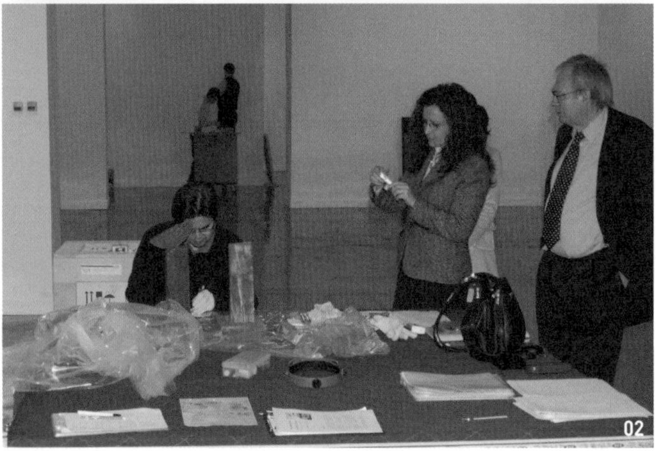

**01** 마리노 마리니 작품 반출 전 이탈리아 문화재 부청장이 나와 상황을 살펴보고 있다.
**02** 아르키 펭코 전시 개막 전, 손상된 작품을 전시장 현장에서 복원하고 있다.

화재청에서 부청장급 관리와 수행원들이 현장 점검을 나와서는 느닷없이 운송을 중단시켜버린 것이다. 이유를 묻자 그 관리자는 한국의 국가 상황이 안정적이지 않으니 보험과 관련해 안심할 수 없다고 했다.

지금도 생각해보면 관리자가 대한민국이라는 나라의 문화적 수준을 낮게 본 것이라고 밖에는 이해하기 힘든 상황이었다. 국가 간의 전시를 위한 보험은 한국이나 이탈리아 보험사가 아닌 거대 국제 보험사를 끼고 진행하게 된다. 나는 보험 조건이 한 해 전 프랑스에서 장 뒤뷔페 전시를 진행했을 때와 동일하고 전혀 문제될 것이 없음을 설명했으나 막연한 의심으로 일관하는 그의 고집을 바로 꺾기는 힘들었다. 작품이 제시간에 한국으로 떠나지 못할 수도 있는 상황이 벌어졌고 나는 보험 원본을 함께 검토하자고 제안했다. 피렌체 마리노 마리니 미술관 관장실에 있는 작은 원탁에 나와 이탈리아 관리자, 관리자와 함께 온 영어 통역사가 두툼한 보험 원본을 가운데 두고 둘러앉았다. 약 두 시간 남짓 한 장 한 장 넘겨가며 국가적 재난 상황부터 사소한 사고에 따른 보험상 보장 내용을 모두 훑어보고서야 관리자는 한국으로 이송해도 좋다는 사인을 해주었다.

생각해보니 한 해 전 장 뒤뷔페Jean Dubuffet전 때도 비슷한 기억이 있다. 그때는 뒤뷔페 작품과 함께 온 프랑스인 쿠리에와 같이 덕수궁 미술관 전시실에서 작품 상자를 열고 상태를 점검하는 상황이었다. 첫날 전시장에서 그녀를 만나 인사를 건넸는데 첫인상에서 달갑지 않아하는 듯한 분위기를 느꼈다. 그녀는 인사도 받는 둥 마는 둥 나를 제대로 쳐다보지도 않고서 곧장 상태조사서를 꺼내들고 작품을 들여다봤다. 나를 컨서베이터 conservator라고 소개했음에도 그녀는 같은 태도로 일관했다. 나는 그냥 가만히 옆에 있기만 하면 되는 사람쯤으로 여기는 듯한 분위기였다.

그래서 나만의 노하우를 발휘했다. 이전에 영국과 다른 곳에서도 비슷한 대우를 받았을 때 통하던 수단이었다. 마침 장 뒤뷔페 작품이라 내가 건넬 말은 많았다. 과거 연구 사례를 언급하며 그녀에게 폴리에스터계 수지로 만들어진 작품 재질의 특성과 변화에 관해 말했다. 그리고 일부러 전문용어를 더 많이 섞어가며 국립현대미술관에 소장중인 뒤뷔페 작품의 변성 등에 관해 이야기했다. 치기 어린 행동이지만 이 방법은 항상 잘 통했고 이번에도 예외는 아니었다. 콧대가 하늘을 찌를 것 같던 그녀는 매우 호의적인 태도로 돌변했고 비로소 공동작업의 모양새가 되었다. 그리고 마침내 전시 시작 전날 프랑스 문화원장 등 내·외빈을 위한 만찬에 초대되어 행사장에 들어서는데 멀리서 파티 드레스 차림을 한 그녀가 손을 흔들며 나를 반겨주었다. 그 사람이 첫날 쌀쌀맞은 모습으로 나를 대하던 프랑스인 쿠리에와 같은 인물이라고는 믿기 힘들었다.

# 작품 운송 상자,<br>크레이트

보존복원 강의에서 꼭 빼놓지 않고 강조하는 사실이 있다. 미술작품은 운반할 때 가장 손상되기 쉬우며 또 크게 손상될 수 있다는 사실이다. 유화는 캔버스가 크게 흔들리면 물감층에 무리가 가고 순간의 실수에 눌리거나 찢기기도 한다. 무거운 조각 작품은 조심스럽게 바닥에 놓더라도 스스로의 무게 때문에 경계면이 부스러질 수 있으며 들어올리다가 힘을 가하는 부위에 균열이 가거나 파손될 수도 있다. 가장 다루기 까다로운 것은 아주 섬세하게 조립된 작품들로 이런 작품은 대체 어디를, 어떻게 잡아야 할지 난감한 경우도 적지 않다. 실제로 미술품 및 유물 전문 운송사는 운송중 벌어질지 모르는 손상의 위험 때문에 항상 긴장 상태이며 사고 후 복원 문의를 자주 해오기도 한다. 따라서 연약하고 소중한 미술작품을 안전하게 운반하기 위해 가장 공을 들이는 것이 운반 상자를 제작하는 것이며, 전문 운송사에서는 운반 상자 제작 시설은 물론 포장 전문가까지 확보하고 있다.

미술관 현장에서 흔히 크레이트라고 부르는 운송용 포장 상자는 작품을 들고, 실어 옮기고, 내려놓는 동안 작품에 가해지는 진동과 충격을 최소화해주어야 할 뿐 아니라 차가운 비행기의 화물칸이나 습한 선박 내의 힘든 환경에서 작품을 보호할 수 있어야 한다. 보존 전문가로서 이렇듯 중요한 역할을 하는 상자에 관심을 가지는 것은 당연한 일이겠지만 개인적으로 나는 이들 상자에 관심 이상의 애착을 가지고 있다. 국제 전시를 하면 외국에서 들어오는 상자들이 수장고 한쪽에 쌓이는데 그 상자들을 둘러보고 사진을 찍어두는 일은 나의 즐거움 중 하나였다.

여러 종류의 작품 상자들을 접하다보니 그 만듦새가 곧 그 나라의 문화 수준을 대변하는 듯 느껴지기도 했다. 국내외에서 보아온 작품 상자 가운데 아직까지 최고의 작품(?)으로 기억되는 것은 네덜란드 스테델릭 미술관에서 보내왔던 것이다. 좋은 목재와 단단하고 틈새 없는 구조, 정교한 밀폐 대책, 특히 열고 닫는 뚜껑을 고정하는 구조와 들었을 때 편하면서도 균형이 잘 잡히도록 설비해놓은 손잡이까지 작품 상자가 하나의 완결된 공예품이라

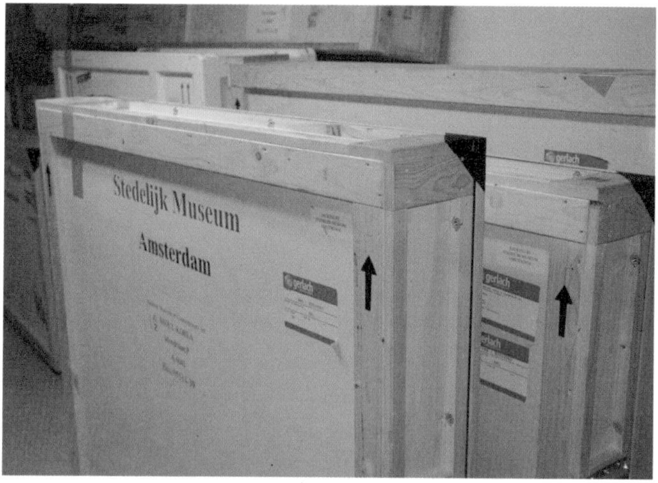


네덜란드 스테델릭 미술관에서 보내온
작품 포장 운송 상자.

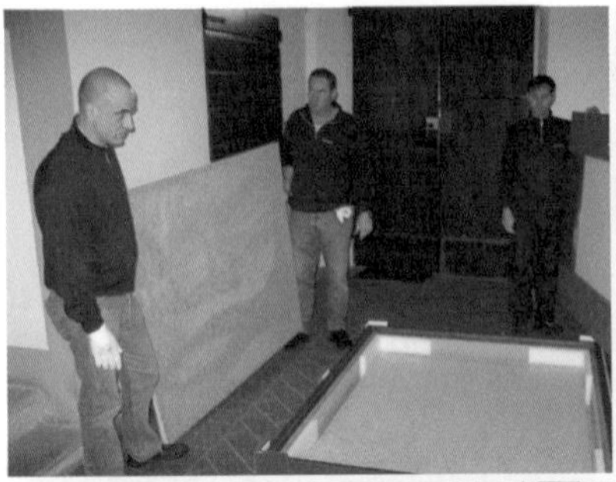

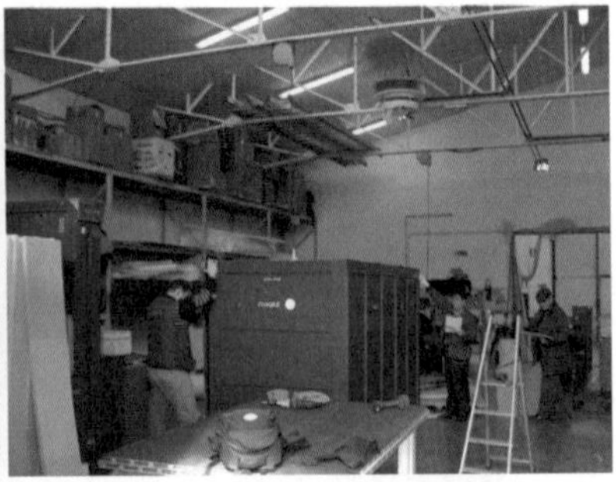

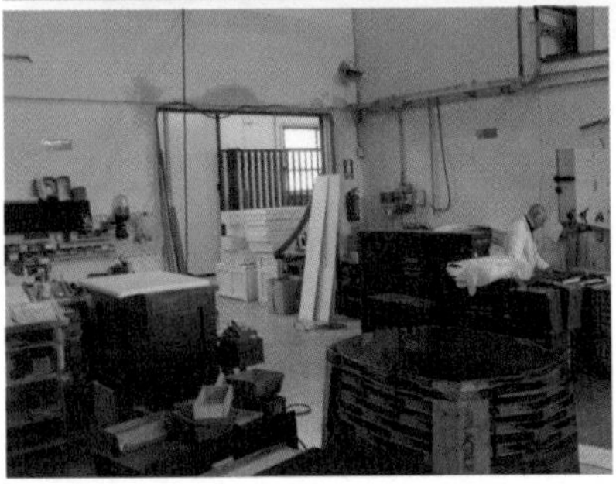

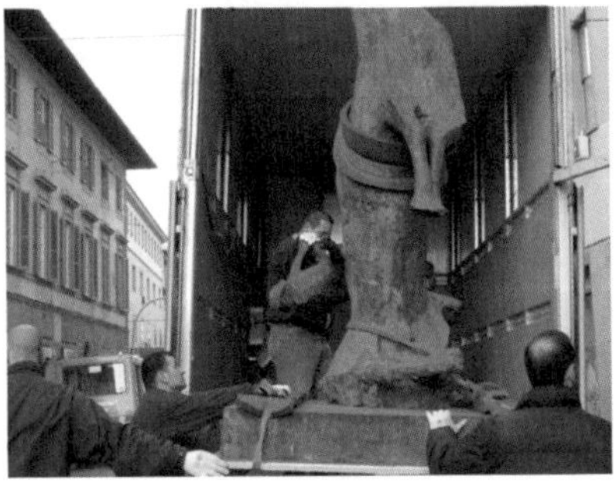

미술품 전문 포장 운송사인
아스테리아의 작업 현장.

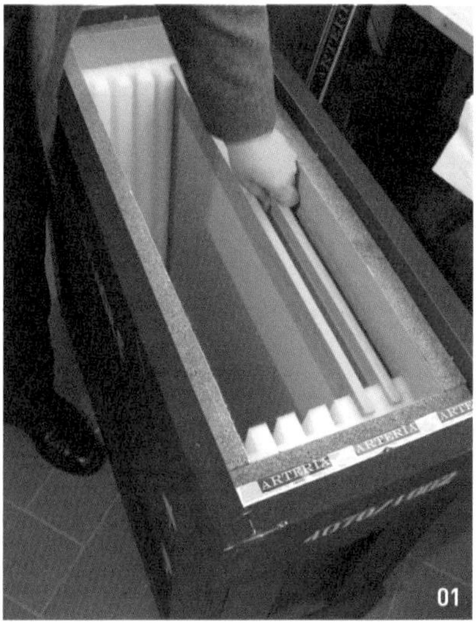


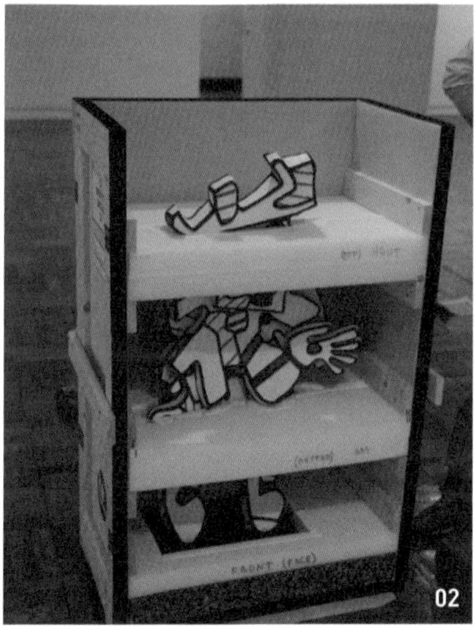

01 평면작품의 경우 이탈리아 작품 포장 상자.
02 조각작품 포장 상자 내부.

는 인상까지 받았다. 특히 흰색으로 도장되어 있는 것이 특징으로 이토록 멋진 네덜란드의 '상아색 상자'는 당연히 최고다. 그에 이어 두번째로 멋진 상자로는 앞에서도 언급했던 이탈리아 아스테리아 운송사의 파란 상자를 꼽을 수 있다.

영국 유학 당시 수업 프로젝트 중 하나가 안전한 포장 방법을 고안하는 것이었다. 수행 과제는 날계란 하나를 학교 건물 3층 옥상에서 떨어뜨려도 깨지지 않도록 포장하는 것이었다. 이 과제로 두 명씩 짝을 지은 세 개 조가 경연을 벌였다. 학생들은 종이 상자 안에 고무줄로 계란을 띄워놓기도 하고 에틸렌 폼으로 계란을 완전히 감싸기도 했으며 종이 상자 외부에 충격을 흡수하는 플라스틱 발을 달기도 했다. 나와 영국인 동기 팻이 선택한 방법은 에틸렌 폼 내장재를 사용하는 것이었는데 불행히도 계란은 버티지 못했고 플라스틱 빨대로 긴 다리를 잔뜩 달아 놓았던 세바스티안 조의 계란만이 살아남았다. 내심 '저런 모양의 상자를 실제 유물 포장에 쓸 수는 없을 텐데……' 하고 살짝 억울한 마음도 들었지만 계란을 깨지지 않게 하는 것이 목적이었으니 수긍했다. 보존복원학교에서 포장 상자를 고민하는 이유는 우리가 정성껏 복원한 작품이나 유물이 항상 한곳에 머물러 있지는 않기 때문이다. 복원가가 복원만 하고 내 일은 끝났으니 이동중에 생기는 문제는 내 알 바가 아니라는 태도를 보인다면 신뢰도 가지 않을뿐더러 무책임해 보이기까지 할 것이다. 영국

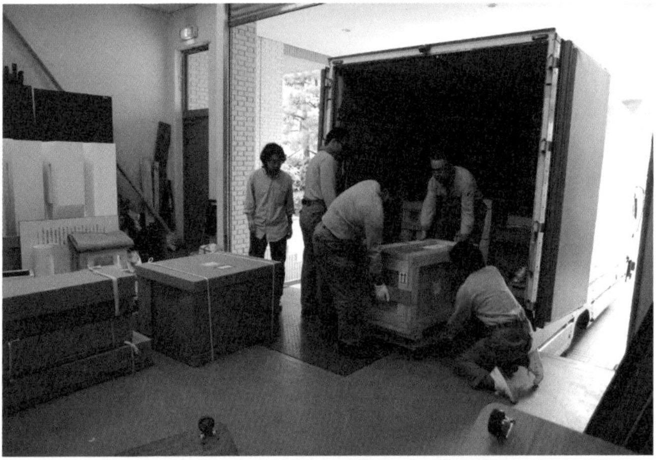

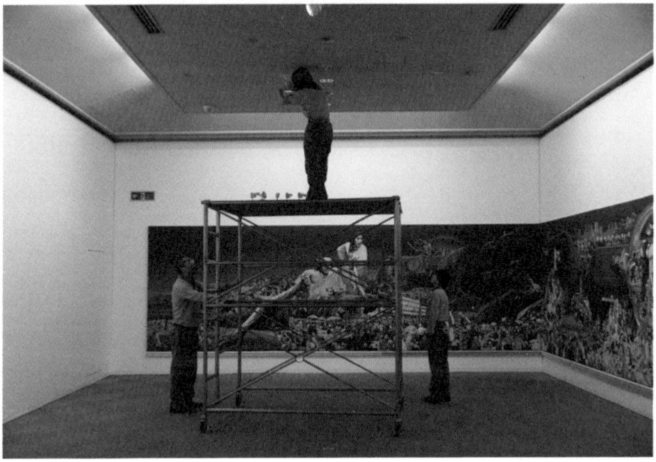

일본 구로네코 운송사의 미술품 운송팀이 운송과 작품 설치,
전시 준비 등을 진행하는 모습.

에서 졸업 전시를 했을 때, 나는 복원한 조형물의 포장 운송 상자도 직접 만들어 함께 전시했다.

손상된 작품을 환자에 비유하자면 안전한 포장과 운송은 구급차의 환자 이송과 같다. 현장에서 증상이 더 심해지지 않게, 경우에 따라서는 임시로 처치를 하고 안전하게 이송해야 한다. 유물을 발굴, 수습해 보존실까지 옮기거나 현장에서 임시 보관할 경우에도 필요한 조치를 취하지 못하면 수백 년간 묻혀 있던 환경과 다른 환경에 처한 유물에 갑작스러운 변형이 일어나기도 한다. 그러므로 문화재나 미술작품이 비교적 안전한 수장고, 복원실, 전시장을 떠나 이동할 때는 전문적인 지식을 바탕으로 한 조치가 필요하다.

작품 운반은 단지 힘만 쓰는 일이 아니다. 섬세함이 필요하다. 막 유학을 마치고 돌아와 대학 강사를 시작하던 무렵, 대학원에서 문화재 보존복원을 전공하던 학생 한 명이 논문 주제를 두고 상담을 청해온 적이 있다. 자그마한 체구의 여학생이었는데 당시는 물론 지금으로서도 특이하게 그 학생은 유물 포장을 주제로 삼았다. 나는 외국 사례를 중심으로 경험을 이야기해주고, 내가 가지고 있던 포장에 관한 원서를 빌려주기도 했다. 그 학생은 박물관에서 포장 업무 연수를 자처하기도 하며 현재까지도 국내에서는 극히 드문 유물 포장에 관한 논문으로 석사 학위를 받았다.

완성된 논문을 들고 찾아와준 학생의 밝은 모습에 함께 기뻐했던 것도 잠시, 몇 달 후 그 학생으로부터 안타까운 이야기를 듣게 되었다. 유물 포장에 관한 논문을 들고 유물·미술품 전문 운송회사에 입사 지원을 했으나 번번이 서류에서 반려되었다는 것이다. 그리고 그 이유는 단지 여성이기 때문이라고 했다. 당시만 해도 운송사 일은 힘쓰는 일이니 힘센 남성이 해야 한다는 생각이 상식으로 통했나보다. 하지만 몇 년 후 국립현대미술관에 입사하고 전시 교류차 쿠리에로 일본을 방문했을 때 나는 그러한 통념이 깨지는 경험을 했다.

일본 현지에서 운송을 담당한 곳은 '구로네코(검은 고양이)'라는 일본에서 유명한 택배 회사였다. 구로네코에는 유물·작품 운송부가 있는데 이 부서에서는 무진동 차량, 운송 상자 제작부를 비롯해 보존복원학교를 나온 전문 직원까지 제대로 확보하고 있었다. 그러나 무엇보다 인상에 남았던 것은 작품을 실제로 옮기고 전시장에 설치하는 스태프 중에 여성이 두 명이나 있었다는 점이다. 문득 이전에 논문을 썼던 여학생이 떠올라, 함께 일하며 조금 가까워진 팀장에게 기획이나 사무직이 아닌 현장 스태프로 여성이 있다는 것이 놀랍다고 말했다. 그랬더니 그는 섬세한 작품 운반 현장에서 여성 스태프의 역할은 무척 중요하다고 대답했다. 나는 그렇다면 그 역할이 구체적으로 무엇이냐고 묻지도 않았고 그렇게 물어볼 생각도 없었다. 이미 나 역시 작품이나 유물을 운반하고 설치하는 작업이 남성의 근력에만 의지하는 노동이 아니라는 점을 이해하고 있었기 때문이다. 나는 그의 태도에 깊이 공감했다.

# 그림이 살기 좋은 공기

평소 미술품 소장 환경에 대한 질문을 많이 받는다. 유학을 마치고 막 돌아와 강의를 맡았을 즈음에는 교과서에서 배운 대로 작품을 소장하는 곳의 온도가 몇 도여야 하며 습도나 공기질은 어떠해야 하는지 열심히 설명한 후 그에 대한 대책을 잔뜩 늘어놓곤 했다. 그런데 전공자가 아닌 실무자나 미술 애호가에게 이런 숫자의 나열이나 복잡한 설명이 현실적인 도움이 될지는 의문스럽다.

이상적인 보존 환경을 구축하려면 공조 시설이나 공기 필터 같은 것도 필요하고 무엇보다 건물 구조 자체를 바꿔야 하는 경우도 많다. 결국 "이상적인 미술관 건물을 지으십시오"라는 말인데, 이런 조언은 아무래도 옳은 것 같지 않아 지금은 이렇게 말한다. "작품을 보관할 방에 여러분이 직접 들어가 한동안 계셨을 때 쾌적한 기분이 든다면, 즉 그 방에서 여러분 자신이 건강하게 지낼 수 있겠다고 느껴진다면 그것이 곧 작품에도 좋은 환경입니다."

이러한 조언이 전문가답지 않거나, 믿음직스럽지 않게 들릴 수도 있지만 전공 서적에서 잔뜩 설명해놓은 조건을 종합해보면 결국 위와 같은 결론이 난다. 우선 온·습도에 관해 게리 톰슨Garry Thomson박사는 『박물관 환경The Museum Environment』에서 온도는 19도 기준 위아래로 1도 범위, 습도는 50퍼센트 기준 위아래로 5퍼센트대를 유지하도록 권고하고 있다. 또 공기에는 작품에 유해한 포름알데히드나 황화가스같이 나쁜 공기 오염 물질은 물론 먼지도 없어야 하고, 세균이나 해충도 없어야 한다고 톰슨 박사는 말했다.

엄밀하게 말하자면 보존만을 위해서라면 온도는 낮으면 낮을수록 좋다. 질병으로 사망한 사람을 미래의 의학기술로 회생시키기를 꿈꾸며 냉동 인간으로 만드는 이유도 바로 이 때문이다. 대부분의 유기물은 극저온 상태로 냉동하면 영원히 보존할 수 있다. 하지만 다시 녹이는 것이 문제가 된다. 얼릴 정도는 아니더라도 가능한 낮은 온도를 유지할수록 노화를 비롯한 물질의 변화 속도를 늦출 수 있다. 보존 환경의 온도를 19도 정도로 권고하는 까닭은 그것이 적당히 낮은 온도이면서 동시에 사람들이 장시간 동안 큰 불편 없이 작업할 수 있는 온도이기 때문이다. 수장고는 작품의 보관창고이기도 하지만 사람이 작품을 들고 나르며 정리하고 때로는 간단한 연구도 하는 공간이다.

온도가 19도 정도까지만 올라가도 손상될 수 있는 재료들이 있는데 가장 대표적인 것이 사진이나 영화 필름이다. 특히 오래전에 만들어진 고전 영화필름 같은 것은 영화 〈시네마 천국〉의 한 장면처럼 스스로 파괴되는 경향이 강해서 가능하면 낮은 온도에서 변화의 속도를 늦춰주는 것이 좋다. 요즘은 대부분 디지털 카메라를 사용하지만 사진기에 필름을 넣어야 했던 시절에는 필름통을 냉장고에 보관하는 경우가 많았다. 차갑게 보관하겠다는 것은 좋은 생각이지만, 여름에 냉장고에서 찬 필름통을 꺼냈을 때 맺히는 물방울은 차라리 냉장고에 안 넣느니만 못한 결과를 가져올 때도 있다. 저온 보관을 했다 다시 꺼냈을 때 물방울이 맺히는 결로結露의 위험성이 있기 때문이다. 그러므로 수장고에서 필름을 꺼낼 때는 서서히 온도를 올려가며 주변 온도와 맞춰주어야 한다. 경우에 따라서는 며칠이 걸리기도 한다.

19도가 권장 기준이라면 22도나 24도는 어떨까? 2009년 캐나다 보존협회에서 내놓은 권고안을 보면 권장 온도가 24도로 되어 있다. 다행히 5도 차이로 큰 문제가 생기지는 않는다. 무슨 기준이 이렇게 유동적이고 비과학적일까 생각할 수도 있겠지만, 이렇게 기준온도가 올라간 이유는 지구 온난화나 세계적인 경제 악화 같은 요인이 숨어 있다. 커다란 수장고 같은 시설의 실내온도를 1도 낮추는 데는 꽤 많은 비용이 든다.

습도의 경우도 사정은 크게 다르지 않다. 습기는 목재나 종이와 같이 물에 젖기 쉬운 친수성 재료들에 스며들어 이것들을 부풀거나 늘어지게 하고, 습기를 머금었던 재료는 건조해지면 다시 수축해 작품이 손상된다. 금속이 부식되거나 곰팡이와 해충도 생기기 쉬워진다. 온도는 낮은 것이 보존에 유리했지만, 습도는 적당히 유지하는 것이 좋다. 보통 상대습도의 50퍼센트 전후대로 유지해야 하는데 온도에 비해 습도를 일정하게 유지하는 것은 훨씬 어려운 일이다. 온도는 주위 에너지의 양에 비례해 영향을 받기 때문에 온열이나 냉방으로 간단히 조절할 수 있지만, 습도는 공기 중 습기의 양이 온도에 따라 달라지기 때문에 제습기나 가습기만으로는 같은 습도를 유지하기 어렵다. 일정한 온도와 습도를 유지해야 하는 미술관이나 반도체 공장에서는 항온습기를 사용하는데 이는 온도와 습도를 제각각 조절하는 것이 아니라, 기기 내에서 일정량의 공기 덩어리를 일정한 온습도, 예를 들자면 온도 22도·습도 55퍼센트로 만들어 그 공기 덩어리 자체를 내뿜는 방식으로 작동된다. 이렇게 공기 덩어리를 만드는 데에는 '이슬점 컨트롤dewpoint control'이라는 원리가 활용되는데 이는 다소 복잡한 원리다. 자세한 설명은 생략하지만 일반 가정의 냉난방기나 제습기, 가습기로 항온습 상태를 만드는 것은 거의 불가능한 일이다.

그러나 수천만 원 상당의 항온습기를 구비하지 않아도 몇 가지 실천으로 건강하게 작품을 보관할 수 있다. 우선 환기와 청소가 기본이다. 작품이 있는 장소에서는 적정 온도와 습도를 유지하는 것도 중요하지만 보관환경 속 유해 가스, 먼지, 곰팡이 포자 등 모든 것으로부터 작품을 보호해야 하기 때문이다. 환기란 외기가 좋을 때 방안 공기와 바깥 공기를 순환시켜 바꾸어주는 것을 뜻한다. 장마중이거나 날씨가 너무 춥고 건조하다면 적어도 실내 공기를 순환시켜주어야 한다. 곰팡이나 해충은 따뜻하고 습한 공기가 정체된 곳에서 창궐한다. 그러므로 공기를 순환시키면 곰팡이균이 생장하기 좋은 상대습도 70퍼센트 이상의 고습 환경이라도 포자 균이 정착하기 어렵다.

그러니 작품이 꽁꽁 포장되어 있다면 모두 꺼내어놓아야 한다. 지금껏 보아온 대부분의 개인 수장고 작품들은 운송할 때 포장된 상태 그대로 쌓여 보관되고 있었다. 이런 경우 포장지 안의 곰팡이 포자나 해충이 빠져나오지 못하고 내부에서 피어나거나 죽어 있을 가능성이 매우 높다. 유리 액자에 들어 있는 그림도 꺼내어 보관하는 것이 좋다. 지금은 보이지 않더라도 얼마 후 작품과 유리 사이 공간에서 곰팡이나 죽은 벌레들이 나올 것이다. 작품을 포장이나 아크릴 박스, 꽉 막힌 액자 등에서 꺼내 서로 겹치지 않도록 세워두고, 먼지가 앉지 않도록 깨끗한

천 등으로 가볍게 덮어두는 것이 좋다.

영국에서 예방보존 수업 중 한 단원의 제목이 'housekeeping', 즉 '집안 청소'였다. 소중한 작품에 내려앉은 먼지를 조심스럽게 제거하고, 환기를 시켜 깨끗한 공기를 쐬어주고 작품이 항상 쾌적한 환경에서 살아가도록 해주는 것이 가장 중요하다. 쾌적한 환경이란 앞에서도 말했듯이 덥지도 습하지도 않은, 우리 몸이 쾌적하다고 느끼는 바로 그 환경이다. 주기적으로 수장고를 둘러보며 작품들을 꺼내어 신선한 공기도 쐬어주고 그러다 혹시 이전에 보지 못했던 이상이 발견되면 미술작품 의사인 보존 전문가에게 증상을 문의하면 된다. 조금 귀찮게 느껴질 수도 있겠지만 돌보지 않고 사랑할 수 있을까.

# 보존전문가에게 백남준이란

과천 국립현대미술관에 들어서면 사방으로 빛을 내뿜고 있는 거대한 탑을 만나게 된다. TV 모니터 1003대를 쌓아올린 백남준의 〈다다익선〉이다. 이 탑이 백남준의 전형적인 비디오 영상 다섯 종류를 교차로 내뿜고 있어 거대한 구조물은 마치 춤을 추듯 살아 움직인다.

〈다다익선〉의 구조는 우선 철골로 뼈대를 용접해 올리고 원뿔의 각 단상 위에 CRT 모니터(브라운관 TV 수상기)를 올려놓은 것으로 내부에는 DVD 플레이어 다섯 대와 거대한 냉풍기 두 대가 설치되어 있다. 미술관 건물 밑으로 설치된 고용량 전용 전기 시설이 1003대의 모니터 등에 전기를 공급하며 에어컨이 함께 가동되어 브라운관이 뿜어내는 열기를 식혀준다. 1988년에 설치된 이후 전체적으로 모니터가 한 번 교체되었으며 설치된 1003대 이외에 여분의 모니터를 보관해두고 수명이 다하거나 작동에 이상이 있는 모니터와 교체한다.

문제는 모니터의 수명이 한계에 이르렀고 브라운관 모니터는 전 세계적으로 제조를 중단한 지 이미 오래됐다는 사실이다. 심할 때는 하루에 몇 대씩 모니터가 꺼져버리기도 해서 〈다다익선〉은 물론 앞으로 백남준 비디오 아트 속 영상을 계속해서 볼 수 있을지 의문이다. 실제로 도쿄국립근대미술관에서 만난 작품을 비롯해 몇몇 작품은 이미 작동을 멈춘 지 오래다. 그렇다면 우리 아이들은 살아 움직이는 백남준의 작품을 영원히 볼 수 없게 되는 걸까?

비디오 아트로 대표되는 소위 미디어 아트는 모니터, 컴퓨터, 광매체, 자기매체 등 전자기기를 사용하고 있어 이 매체들의 관리와 수리가 곧 미디어 아트 보존의 핵심이 된다. 기계 부품 제조가 중단되거나 영상 규격 변화에 따라 하드웨어와 소프트웨어가 달라지면 변화에 맞게 업그레이드하는 것 외에는 지속할 방법이 없다.

백남준 비디오 아트의 보존을 고민할 때 가장 먼저 떠오르는 것이 브라운관의 수명과 교체 문제다. 둥근 브라운관에서 평면 브라운관, LCD 모니터 등으로 빠르게 변화해가며 이전의 매체가 소멸되어가는 현실에서 옛날 브라운관 모니터의 껍데기 속 몸체를 LCD 모니터로 바꾸는 방법은 누구나 쉽게 떠올릴 법하다. 실제로 국내 모 미술관 입구에 설치된 백남준의 작품은 예전 케이스 안에 새 LCD 패널이 자리잡고 있다. 이 작품은 본래 10인치 정도의 작은 TV 모니터라 케이스 안의 둥그스름했던 유리판이 납작한 평면이 되었음을 눈치챈 관람객은 거의 없을 것이다. 사실 깜박임flicker이나 미묘한 색감의 변화조차 다이내믹한 영상 탓에 알아차리기 힘들 것이다. 그러나 이전 모습을 기억하고 있던 내게 그 변화를 처음 마주한 순간은, 묵직한 LP판 턴테이블과 CD 플레이어가 공존하던 당시의 새로움보다 더한 낯선 체험의 순간이었다.

앞서 언급했던 도쿄국립근대미술관 소장품 모니터들은 이미 작동을 멈춘 지 오래이기에 설명이 없다면 그저 오래된 골동품 전자기기로 보일 것이다. 하지만 이 골동품에서 화상이 나오게 하는 문제는 단순히 껍데기 속 모니터 부품을 교체하는 것으로 해결되지 않는다. 불룩하게 배를 내민 초기 브라운관 화면이 주는 인상은 백남준이 선별한 오브제로서의 오리지널리티뿐만 아니라 젊은 백남준의 기억과 맞바꿀 만큼의 시간성을 지니고 있기 때문이다. 케이스 안의 모니터 부품만 교체하는 것은 작품이 여전히 작동하고 또 앞으로도 작동되기를 바라는 마음이 앞서 스스로 눈을 가리는 기만행위일지도 모른다.

작가 백남준은 이러한 일이 벌어질 것을 알고 있었다. 백남준이 자신의 비디오 아트를 어떻게 보존하고 지속시킬지에 관해 구체적으로 언급한 적은 없지만 그는 미디어 변화나 교체에 관해 인지하고 있었고 그 방법을 후세에 자유롭게 맡겨두었다. 하지만 백남준이 생존해 있고 설사 교체를 용인했다 하더라도, 과연 수명이 다한 〈TV로봇〉의 머리를 최신형 모니터로 바꾸는 게 옳은 일일까? 작가가 용인했다면 정말 문제가 없으며 마음속 불편함은 감수해야 하는 걸까?

리쾨르가 '소격화' 현상을 통해 설명한 바 있듯이 현대 해석학에서 예술작품은 잠재적 담론의 장이며 감상자와의 만남에 종속된다. 이러한 개념 변화는 집단에서 개인으로 초점을 옮겨온 역사 전반의 흐름을 반영하는 동시에 현대미술이 보여주고 또 호흡하는 현재 사회의 모습을 반영하고 있다. 그렇게 보면 결국 작가의 의도를 작품 보존, 복원의 유일한 원칙으로 삼을 수는 없다는 유추가 가능해진다.

미디어 설치 작업을 하는 대부분의 작가들이 생존해 있기 때문에 작가들에게 많은 것들을 물어볼 수 있다. 작품의 상세한 설치법이나 기술 변화에 대한 입장, 설치에 사용된 기자재 교체의 한계와 설치작품 중 꼭 보존해야 하는 부분에 대한 견해까지 모두 작가의 의견을 구할 수 있다. 그러나 작가가 배제된 설치 장소에서 여러 가지 변수가 작용할 때 자칫 '작가의 의도'는 실효성을 잃고 '개념을 위한 개념'으로 전락하게 된다. 백남준 비디오 아트를 비롯한 대부분의 미디어 설치미술은 작가의 손을 떠나 전시·수장될 때 전시 진행 관계자나 보존 전문가에 의해 다루어지는데, 특히 설치 작업의 경우 장소, 기자재, 설치자의 생각idea 등에 따라 당초 작가의 의도가 변질되기 쉬운 것도 사실이다.

〈다다익선〉이나 〈TV정원〉과 같이 작가가 생각한 개념과 스케치를 받아 설치 기술자들이 제작하는 경우, 설치 기술자들이 현장에서 판단해 작가의 개념을 크게 벗어나지 않는 범위에서 브라운관뿐 아니라 모니터 자체도 전면 교체할 수 있다. 작품을 실제 장소에 설치하려다 현장의 변수를 마주하게 될 수도 있고 기술적 문제에 직면할 수도 있기 때문이다.

실제로 백남준은 1996년 브라질 전시 때 파견한 조수 스테판 비티엘로Stephen Vitiello에게 현지에서 구할 수 있는 TV 수상기를 모아 현지 전시 공간에 맞추어 그가 판단해서 설치해달라고 주문했다. 당시 〈TV정원〉 〈TV어항〉과 〈TV부처〉가 설치될 예정이었는데, 백남준은 현지에서 수풀과 물고기, 그리고 부처상을 구해 작품에 이용하도록 했다. 그렇게 모은 오브제로 어떻게 설치하면 될지 스테판이 그 방법을 물었을 때 백남준은 여느 때처럼 웃으면서 "자네 판단에 따르게"라고 했다. 다만 TV 30대가 구해지면 그의 비디오 작품인 〈글로벌 그루브Global Groove〉를 틀고, TV 40대가 모이면 준비해간 또다른 비디오 〈오리엔탈 페인팅스Oriental Paintings〉를 상영하라고 지시했다.

이 에피소드를 통해 백남준은 자신의 작품에 악보와 같은 다양한 해석의 가능성을 열어두었으며, 타인이 작품을 설치하더라도 기본 요소만 따르면 누구라도 해석을 가할 수 있게 했다는 점을 추측할 수 있다. 이는 백남준이 참여했던 플럭서스Fluxus의 개념과도 일치한다. 백남준은 자신의 작품을 악보를 통해 전해지고 연주되는 음악처럼 여겼음을 알 수 있다. 〈TV정원〉이나 〈다다익선〉 〈덕수궁〉 같은 작품은 모니터가 바뀌거나 LCD로 교체된다 하더라도 마치 백남준의 곡을 다른 교향악단의 연주로 듣는 것과 같다고 이해할 수 있다. 이렇듯 보존 측면에서 재료 교체가 자유로운 작품들은, 시간이 지나도 다른 배우들의 연기로 〈햄릿〉이 상연되고 베토벤의 교향곡이 다양하게 해석되어 연주되듯이 미래에도 영속될 수 있다는 것이 나의 생각이다.

그러나 〈TV로봇〉이나 〈TV부처〉처럼 모니터가 단순한 영상 재생 수단을 넘어 존재감을 강하게 표출한 작품인데 모니터가 수명을 다했다면, 이런 경우에 모니터를 바꾸는 문제는 부처 오브제를 바꾸는 것만큼이나 쉬운 문제가 아니다. 백남준의 작품 가운데 작가의 '선택된 오브제selected object'로서의 오리지널리티가 강한 작품, 미술사적으로 의미를 갖는 중요한 작품은 다양한 논의를 거쳐 수명을 다한 부품이라도 교체가 불가하도록 합의할 수도 있다. 과거 걸작의 생생한 기록이 필요해서, 혹은 교육을 위해서 작동하는 오브제가 필요하다면 복제품replica이 좋은 수단

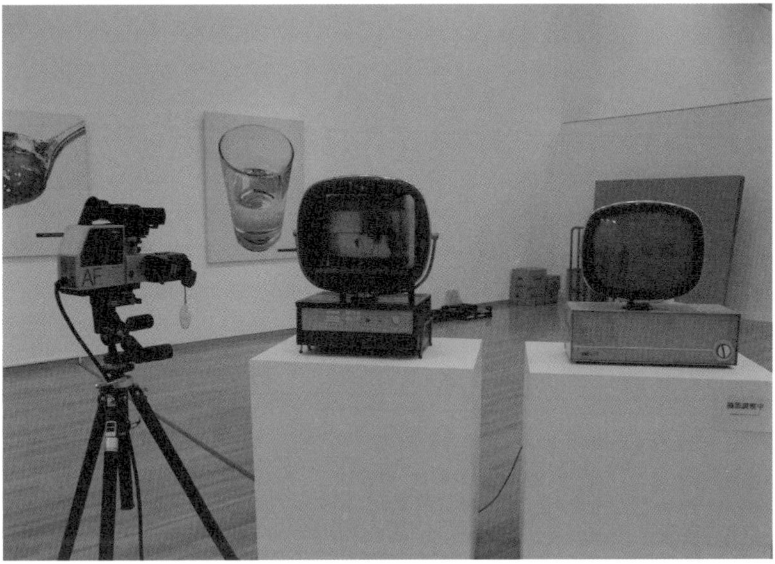


도쿄국립근대미술관에서 소장하고 있는 백남준의 작품.
수명을 다해 작동이 멈췄다.

이 될 수 있다.

결론적으로 백남준의 비디오 아트를 보존하는 문제는 다양한 해석 가능성이 열려 있는 무척이나 복잡한 문제다. 예술작품의 무엇을 어떻게 남겨야 할 것인가를 판단하려면 작가의 의도와 작품을 구성하는 물질의 물리적·화학적 변화는 물론이고 작품을 둘러싼 사회에서의 해석 가능성 등을 모두 검토해야 한다. 결국 보존 행위의 목적은 작품 그 자체에 있다기보다는 작품의 소유자, 연구자, 감상자 등 물질적, 정신적으로 작품과 연관된 모든 사람들로부터 나온다고 할 수 있다. 백남준의 작품을 어떻게 이해하고 설치할지, 그리고 어떻게 생명연장을 해나갈지에 대한 고민은 1990년대 말부터 국제적인 이슈였고 지금도 이는 계속해서 논의되고 있다.▪ 이 문제는 가치 판단과 윤리적 판단에 속한 것이기에 이에 대한 실행 결과는 역으로 당대 구성원이 중시하는 가치나 윤리의식을 보여준다. 위대한 예술가의 삶과 작품은 당시 사회를 비추는 거울로, 변화무쌍한 모습으로 살아남아 고전이 된다. 백남준은 보존 전문가들에게도 엄청난 화두와 도전 과제를 던져주고 있는 클래식이다.

▪ 백남준의 작품을 포함해 비디오 아트, 영상 설치 작품 등을 어떻게 이해하고 생명을 연장해갈 것인가에 대한 고민은 1990년대부터 여러 곳에서 시작되었다. 대표적인 사례로 1997년 미국의 현대미술보존재단(Foundation for the Conservation of Modern Art)과 네덜란드 문화유산연구소(Netherlands Institution for Cultural Heritage)의 주최로 열린 국제심포지움 '현대미술, 누가 돌보는가?(Modern Art: Who Cares?)'와 1998년 게티센터(Getty Center)에서 열린 '죽음과 불멸?: 20세기 미술의 유산(Mortality Immortality?: The Legacy of 20th-Century Art)' 같은 학술 행사가 있다. 온라인 토론장으로는 404 프로젝트(media art history, Network) 등이 있다.

# 야외 조형물을 힘들게 하는 것들

나의 주 전공은 조각 보존복원 혹은 입체물 복원이다. 영국의 보존복원 대학원 과정은 보통 첫 1년간은 재질별, 장르별로 두루 배우며, 2년차에 논문 주제를 정하고 주 전공과 관련된 수업이나 연구 과제를 진행하며 연수와 인턴 과정을 계획한다. 학교 과정을 마치는 것만으로는 실무에 투입되기 어렵기 때문에 현장 경험을 쌓고 다양한 임상을 거치며 한 사람의 보존복원가로 성장하게 되는 것이다. 우리나라에는 분야별 전문가가 아직 부족하다. 그렇다보니 나는 국립현대미술관 총괄로 여러 분야를 살피며 쌓은 경험과 다양한 현장 경험을 바탕으로 여러 장르에 걸쳐 조사, 작업, 자문을 하고 있다. 하지만 내가 가장 좋아하고 많은 공을 들인 분야는 입체 조형물 보존복원이다.

조각의 재료는 어느 정도 규모가 있으면서 단단하게 형태를 유지해야 하므로 나무, 돌, 금속 등이 전통적으로 많이 사용되고 있다. 그러나 최근 들어 합성수지는 물론 전통적인 재료라 하더라도 표면에 도색이 되어 있거나 작품의 일부로 상상도 못했던 기발한 재료들이 함께 사용되고 있다. 그러므로 이를 돌보는 보존복원가는 지구상에 있는 거의 모든 재료의 보존 특성을 이해하고 다룰 수 있어야 한다. 이렇게 기술하면 정말 재료에 관한 백과사전적 지식을 가지고 있어야 할 것처럼 비칠 수도 있다. 하지만 크게 분류된 재질별 특성에 대한 이해를 바탕으로 관련 자료를 검색하고 해독할 수 있는 능력만 있다면 특정 작품을 다룰 때 응용과 분석, 테스트를 통해 해결 방법을 찾아나갈 수 있다.

입체 조형물은 일반적으로 평면작품, 회화보다 튼튼한 재료로 만들어져 보존도 덜 까다로울 것처럼 느껴진다. 그래서 그런지 쉽게 야외에 설치하기도 하고 사람들이 만지거나 해도 다소 관리에 무감각한 면이 있다. 하지만 사실 야외 조형물은 바깥에서 뜨거운 햇볕과 자외선, 산성비, 새똥, 황사나 꽃가루, 사람들의 낙서나 짓궂은 장난을 다 견뎌내야 하는 운명을 타고났다. 그러니 무엇보다 설치 전 이러한 것들을 잘 견뎌낼 재료와 형태를 생각해야만 한다.

야외 조형물을 괴롭히는 것으로는 우선 태양열을 들 수 있다. 뜨거운 태양의 복사열은 금속작품을 자동차 보닛처럼 달구기 때문에 표면은 뜨거우면 팽창하고 식으면 줄어든다. 그러므로 프라이팬처럼 달구어진 금속 조형물 표면에 도색하거나 코팅을 하더라도 할 수 있는 것과 하지 말아야 할 것을 곰곰이 생각해봐야 한다. 최근 청동의 경우 화학적으로 색을 만들고, 섭씨 90도 정도에도 무르지 않으며 금속의 팽창·수축에 따라 유연한 막을 유지하는 야외조각용 왁스로 코팅해 내구성과 함께 금속 조각의 맛을 살리는 것이 추세다. 요즘은 높은 온도에도 쉽게 변하지 않고 떨어지지도 않으며 유연한 막을 가진 첨단 안료로 도색하는 야외 조형물이 부쩍 늘기도 했다. 하지만 안료층이 주는 느낌은 어떻게 색을 내도 물감이라는 느낌을 지울 수 없다. 그렇게 하면 비싼 청동으로 정성스레 만들어놓은 조형물도 결국 플라스틱 조각 같은 느낌을 풍긴다. 그래서 선진국에서는 쉬운 도색 대신 여전히 전통적인 표면 처리를 고집하고 있다. 한편, 한국에서는 최근 독립기념관에 있는 박충흠 작가의 〈3·1 정신상〉을 흰색 페인트로 도색한 일이 논란이 되기도 했다. 도색 이후, 작가께서는 이럴 거면 뭐하러 비싼 청동으로 만들었겠냐고 안타까워하셨다.

적외선 영역의 뜨거운 복사열과 함께 높은 에너지를 지닌 자외선은 주로 유기물의 결합을 흩뜨려놓거나 끊어 유기물인 안료의 바인더(접착) 성분을 변화시킨다. 변색되거나 갈라지거나 떨어지는 손상은 역시 안료의 유기물 성분이므로 야외에 설치될 조형물의 도색에도 자외선 대책을 꼭 세워야 한다.

다음으로 언급할 것은 산성비다. 산성비는 산성을 띤 빗물을 뜻한다. 산성은 공기 중 수증기인 물을 이루고 있는 수소이온과 수산화이온 중 수소이온이 훨씬 더 많은 상황을 의미한다. 비로 내리는 물방울 내부의 수소이온(H+)과 수산화이온(OH-)이 동일한 숫자로 존재한다면 서로 짝을 지어 수소 둘에 산소 하나의 중성 물(H2O)이 되겠지만, 서로 짝을 이루고도 남아도는 수소이온이 많다면 그 빗방울은 산성을 띤다. 이런 산성 빗방울이 청동 표면 위에 내려앉으면 수소이온은 격렬하게 음이온들과 결합하게 되고 음이온은 양이온을 빼앗을 것이다. 새로운 결합이 생기고 그 결합에 따른 화학적 변화가 일어난다는 것은 곧 물질의 변화를 의미한다. 이 변화의 증상으로 변색이나 얼룩 등이 발생하는 것이다. 불안정해서 변화를 야기하는 산성화된 물, 산성화된 환경은 조형물뿐만 아니라 유기물인 인간의 신체에도 여러 악영향을 끼친다. 그러므로 환경 문제는 비단 조형물의 보존을 위해서뿐만 아니라 우리 자신을 위해 걱정해야 할 문제이기도 하다.

그리고 새똥의 피해도 무시할 수 없다. '새똥'은 우리가 똥이라고 부르지만 새들은 똥오줌을 동시에 지리므로 엄밀히 말하면 '새똥오줌'이다. 인산, 암모늄 등 열 가지 이상의 화학물질이 포

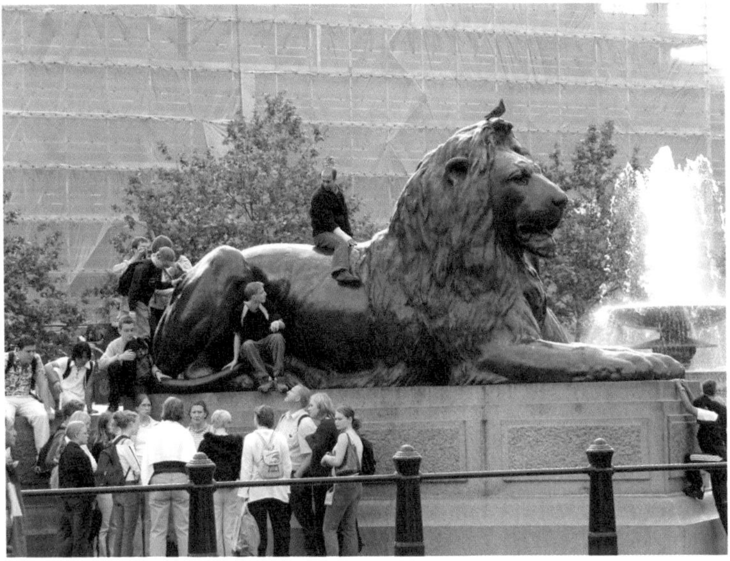

런던 트라팔가 광장의 사자 동상.

함된 새똥은 청동 조각 위에 내려앉으면 빠르게 조각을 부식시켜 마치 화상 같은 깊은 상처를 남긴다. 야외 금속 조형물을 관리할 때 새똥이 내려앉았다면 물로 빨리 제거해야 하는 이유다.

마지막으로 뭐니뭐니 해도 가장 치명적인 손상을 끼치는 주체는 사람이다. 사람들이 고의적으로 조형물을 파괴하는 행위는 반달리즘이라고 하는데, 그렇게 거창하게 지칭하지 않더라도 우리는 야외 조형물에 올라타고, 낙서하고, 조형물을 긁기도 하며 때로는 전리품처럼 일부를 잘라 가져가기도 한다. 종교적인 의미의 조형물이라면 마음을 다해 문지르고 코를 갈아가기도 한다. 락카를 뿌려 조형물을 시뻘겋게 만들기도 하고 종교적인 이유로 작품을 쓰러뜨리거나 박살내기도 한다.

런던 트라팔가 광장에는 거대한 사자 동상이 두 개 서 있는데 항상 사람들이 여기 올라타 있는 모습을 볼 수 있다. 여행으로 잠시 들른 분들은 저기엔 올라타도 괜찮은가보다, 생각할 수 있지만 실은 가끔 관리자들이 나와 내려오라고 소리친다. 하지만 그들이 사라지면 금세 새로운 등반이 시작된다. 사람들이 조형물을 보고 만지고 올라타는 것은 본능이라고 밖에는 이해할 수 없다. 나조차도 올라타서 사진을 찍고 싶은 욕망이 올라오니 말이다. 미국 뉴욕에 설치된 헨리 무어의 유명한 인물상의 경우 돌이나 동전으로 긁어 써놓은 낙서 때문에 골머리를 앓았다. 긁힌 표면을 깨끗이 복원하여 이번에는 동상을 5미터가 넘는 높은 좌대 위에 설치해 낙서를 방지해보려 했지만 좌대를 열심히 올라타서 연인의 이름을 긁어 새기는 사람들의 열정을 억누르지는 못했다. 이런 실정이니 야외에 조형물을 설치할 때는 아무도 만지지 못하게 할 방안을 강구하기보다는 사람들이 올라타고 낙서하고 긁더라도 안전하고 어렵지 않게 복원할 수 있는 재료와 형태의 조형물을 기획하는 것이 현명하다고 할 수 있다.

야외 조형물을 기획하고 작가에게 맡길 때 재료에 대한 이해가 부족한 작가라면 야외에 두어서는 안 되는 재료를 선택하기도 하므로 주의해야 한다. 뜨거운 여름과 추운 겨울이 반복되는 우리나라에서 합성수지, 즉 플라스틱 조형물은 몇 해를 견디지 못하고 변색되고 갈라진다. 대리석은 석회석이 지하 깊은 곳에서 수만 년 이상 뜨거운 지열과 압력을 받고 변성돼 치밀해지고 단단해진 암석이라 석회석보다는 견고하다. 하지만 시간이 지날수록 마치 단단하고 오래 쓰는 둥그런 비누(알*랑 비누)가 변해가는 것과 같은 형상으로 산성비에 천천히 녹아간다. 반대로 야외에 두어 자연스럽게 부식되도록 하는 적갈색의 철판 조형물은 그 정체가 부식강Cor-ten steel이란 것인데, 선박용으로 개발되어 일단 적갈색의 부식층이 덮이면 그 이상 부식이 잘 진행되지 않는다. 부식강은 추상조각의 선구자인 데이비드 스미스 이후 즐겨 사용된다. 그런데 국립현대미술관에 근무하던 당시, 야외에 설치된 이우환의 부식강 작품을 본 관람객으로부터 항의 민원을 몇 번인가 받아 답변한 적도 있다. 작품의 붉은 표면을 보고 녹슨 작품을 관리하지 않는다고 여긴 분들이 있었기 때문이다.

# 청동을 위한 항변

매년 광복절 무렵이면 신문과 방송에 등장하는 단골 뉴스가 있다. 우리나라 위인 동상들의 관리 소홀을 다룬 내용인데 인터뷰 질문도 변함이 없고 기사 내용도 거의 유사하다. 우선 한 언론사에서 동상들이 관리를 받지 못해 심하게 '부식'되고 얼룩덜룩해 보기 흉하다는 고발성 기사를 내보내면 타 언론사들도 앞을 다투어 전문가 의견이 필요하다며 취재 요청을 해온다. 인터뷰 때마다 매번 반복하는 나의 응대를 요약하면 다음과 같다.

청동상은 구조적으로는 별다른 관리를 하지 않아도 몇백 년 간은 큰 문제없이 그 형태를 유지할 수 있다. 표면이 지저분해 보이는 것은 도심의 먼지나 황사, 황화물 등 공기 오염물에 의해 짙은 색 오염이 군데군데 흡착되어 코팅이 벗겨지면서 밝은 부분이 드러나 얼룩덜룩해 보이는 것이다.

그런데 일단 기사에서 자주 사용되는 "심하게 부식되었다"는 표현이 딱 맞는 서술이 아니라는 점부터 짚고 넘어갈 필요가 있다. 부식되었다는 말을 들으면 일반인은 당장 금속 자체에 심각한 결함이 있는 경우, 예컨대 부스러지고 구멍이 나는 철판 부식을 떠올릴 가능성이 크다. 그러나 정확히 표현해서 청동 표면에 생긴 아주 엷은 색조의 부식층 얼룩을 표현하는 용어로는 파티나patina층 혹은 타니싱tarnishing층이라는 말이 올바르며, 이 표현이 너무 전문적이라면 단순히 주기적인 관리를 해주지 못해 표면이 더러워지고 보기 흉해졌다는 정도가 적절하다. '심하게 부식된'이라는 표현이 완전히 틀린 건 아니지만 그 기사를 접한 일반 시민들은 금속 표면이 부스러지고 구멍이 난 것 같은 과장된 시각 이미지를 먼저 떠올리기 쉽다.

대부분의 금속은 이온화되면서 주어진 환경에 따라 부식이라는 자연스러운 과정을 거치는데 금속에 따라 그 정도나 증상이 다르다. 일상에서 가장 흔히 볼 수 있는 철은 부식성이 강해 쉽게 변색하고, 가루가 되어 떨어지거나 부식이 심해지면 구조 자체가 붕괴되기도 한다. 그에 반해 야외 조각에 주로 쓰이는 청동의 주재료인 구리는 철보다 부식성이 낮고 부식되더라도 표면에 아주 얇은 부식층이 단단히 붙어 있는 정도다. 다만 '청동병'이라 불리는 특별한 부식이 발생하면 가루가 되고 구멍이 나기

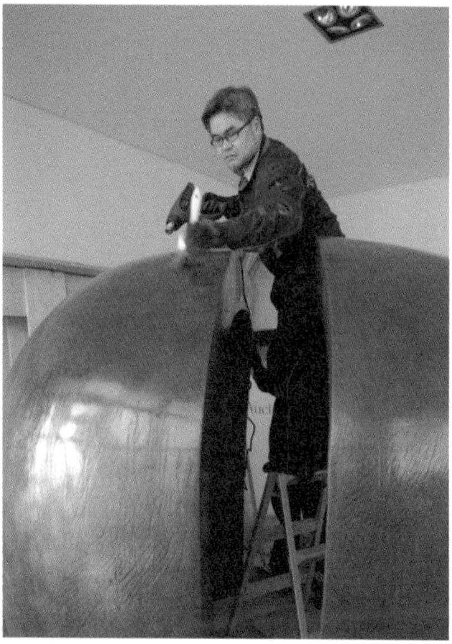

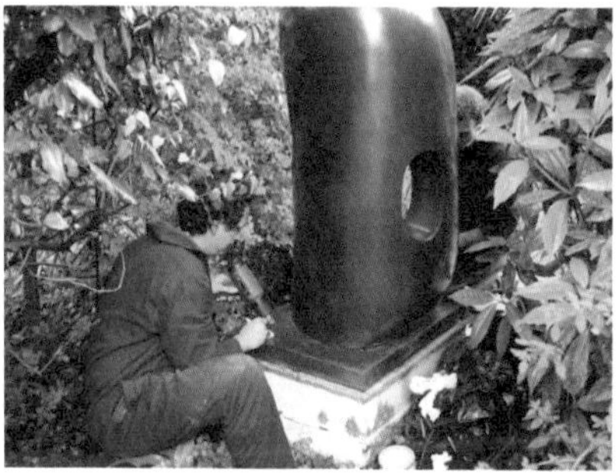

조형물 복원 현장.

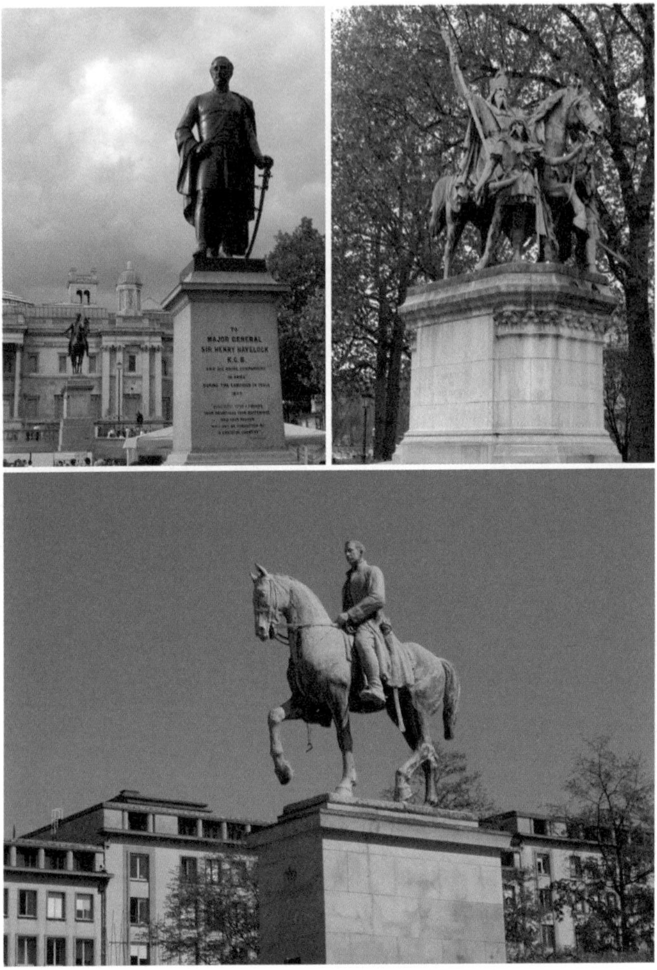


각기 다른 방식으로 보존되고 있는 여러 나라의 동상들.
위부터 시계 방향으로 영국 런던, 프랑스 파리, 벨기에 브뤼셀의 사례들이다.

도 한다. 하지만 그것도 일반적인 경우는 아니고 또 발견되더라도 치료가 어렵지 않다. 금속은 부식이 진행되면 독특한 색을 띠는데 철의 경우는 붉은 색이나 갈색을 띠며, 청동은 대표적으로 푸른색 녹이 생기거나 검은색을 띠기도 하며, 납이나 아연은 부식물이 흰색을 띤다. 청동의 부식은 주로 표면층의 색을 변하게 하고 질감을 거칠게 하는 정도가 대부분이라 시간이 많이 흘러 색이 변한 청동 동상은 파티네이션이나 왁스, 색 왁스 등의 처리를 통해 어렵지 않게 원하는 외형으로 바꿀 수 있다.

고발성 기사는 그 기사를 통해 '보존과 관리'가 필요하다는 문제의식을 높이고 상황을 개선하도록 도움을 주어야 하는데 '관리가 안 되어 부식이 심하다'는 표현은 안타깝지만 상황 개선에는 큰 도움을 주지 못한다. 게다가 바닷속에서도 수천 년을 견뎌내는 청동에 대한 오해만 불러일으켜서 쉽게 해결할 수 있는 문제도 돌이킬 수 없을 만큼 심각한 문제인 것처럼 여기게 하지는 않을지 염려스럽다.

청동 기념물의 보존이나 복원, 관리는 결국 표면을 어떻게 만들어주고 관리할 것인가에 대한 문제다. 표면에 대한 문제라는 것은 바꾸어 말해 그 기념 동상이 어떻게 보이는가에 대한 시각적, 미적 판단의 문제라고 할 수 있다. 누가 보아도 더럽고 지저분하다면 당연히 개선해야 할 문제겠지만 다른 나라의 상황들을 살펴보면 그조차 매우 상대적이라는 생각이 든다. 이를테면 영국 런던 시내에 도열해 있는 위인들의 동상이나 미국 워싱턴에 있는 기념 동상들은 단색조로 매우 깔끔하게 관리되고 있다. 한편 프랑스나 벨기에, 또 대다수 유럽 거리의 기념 동상들을 보면 코팅도 많이 벗겨져 있고 얼룩덜룩한 것을 흔히 보게 된다. 어찌 보면 오래된 건물이 많이 남아 있는 역사적 도시에서, 다소 낡아 보이는 동상들은 오히려 도시를 더욱 고풍스럽고 멋진 곳으로 만들어주는 듯도 하다. 청동 기념물 관리 방법 또한 결국 선호의 문제이므로 미적 판단의 영역에 속한다. 즉 정해진 답은 없다는 뜻이다.

# 이순신 동상의 슬픈 목욕

60년대 말부터 80년대까지 우리나라에 세워진 대다수의 청동 동상은 좋지 못한 합금재료로 거친 주물과 용접을 거쳐 페인트를 바른 경우가 매우 많았다. 페인트를 사용한 이유는 선진국에서 주로 쓰는 방법인 화학적 표면 처리(파티네이션)로 고른 표면을 만들어주기 힘들어 그렇게 된 것이다. 과거의 유성페인트는 야외 환경에서 뜨거운 태양빛, 자외선을 받고 대기오염과 습기 등에 노출되면 변색되고 갈라지고 떨어져 시간이 지나면 무척 지저분하게 변하곤 했다. 그러면 누가 보아도 지저분하니 그 위에 다시 페인트를 덧바르는 것이 유일한 관리법이었다.

2008년 광화문 이순신 동상을 표면 작업하면서 조사한 바로는 표면에 대략 다섯 번 정도 페인트가 덧칠돼 있었다. 고가의 청동으로 힘들게 세워놓은 동상이 섬유강화플라스틱FRP 같은 플라스틱 조형물처럼 보이는 이유였다. 국립현충원 입구의 현충탑 조형물 또한 마찬가지였다. 초록색 계통의 페인트를 칠했는데 세월이 흘러 페인트의 바인더(접착 성분) 성분은 분해되어 사라지고 안료(색을 띠게 하는 가루)는 탈색되어 흰색에 가까운 민트색이 되었다. 그리고 곳곳에는 빗물 얼룩이 져 외형이 지저분해졌다. 그런데 언젠가 그 민트색을 참조해 민트색 페인트로 덧칠해주었기에 독특한 색을 띠게 되었다.

동상에 절대 페인트를 입히면 안 된다는 법은 없지만 명동 신세계 백화점 앞 분수 조각이나 국회 〈애국애족의 군상〉 등은 굳이 비싼 청동으로 만들어놓고 어째서 청동 고유의 느낌을 페인트 뒤에 숨겨야 하는지 의문스럽다. 앞에서 말했듯 과거 우리나라 청동의 합금비나 용접 방법을 고려했을 때 일반적인 화학약품 처리를 하기 힘든 것이 사실이지만 나는 부분에 따라 조금씩 다른 약품을 쓰거나 적합한 온도를 부여해 파티네이션을 하기도 한다. 작업의 관건은 외형을 어떻게 미적으로 아름답게 만드는가에 있으므로 색 왁스나 유화 등 안료를 더해 부분적으로 색을 내주기도 하고 전체적으로 톤을 올려주기도 한다. 하지만 중요한 것은 청동 조각 고유의 맛을 살리는 것이다.

현대 작가들의 작품은 형태도 새롭고, 창작 의도에 따라 다양한 색을 부여하기 위해 내구성이 좋은 신소재 페인트를 쓰거나 코팅을 하기도 한다. 그래도 역사적 인물의 기념 동상은 전통적인 외형을 취해 차분한 모습으로 만드는 편이 자연스럽게 어울릴 것이다.

최근 야외 기념 동상에 관한 사회적 관심이 커졌고 이로 인해 동상이 이전보다는 좀더 잘 관리되고 있는 것도 사실이다. 하지만 아직도 "더럽고 지저분하니 청소가 필요하다"는 판단에서 일이 시작되니 야외 조각을 주기적으로 관리한다는 것을 곧 청소를 자주 하는 것으로 받아들인다. 야외에 몇십 년, 앞으로 몇백 년을 서 있을 기념물이 정기적인 관리를 해주지 않아도 깨끗이 있을 거라는 생각이나, 한 번 관리하고 나면 몇 년 동안은 아예 신경쓰지 않아도 될 거라 생각하는 믿음이 매우 기이하다.

인간이 발명한 가장 단단한 코팅은 미국항공우주국NASA에서 쓰는 우주 왕복선 외벽의 코팅이라고 한다. 아마 일상에서 접할 수 있는 가장 뛰어난 도색과 코팅은 자동차 표면일 것이다. 10여 년간 바깥에 세워두어도 크게 변하지 않으니 이는 경험적으로도 알 수 있는 사실이다. 알렉산더 칼더나 제프 쿤스의 팝아트 조각은 자동차 회사에서 도색과 코팅을 진행하기도 한다. 그러나 역사적인 인물 기념 동상을 팝아트 조형물이나 사이버 세계에서 튀어나온 듯한 느낌으로 만들 수는 없는 노릇이다(우리나라에는 영화 〈터미네이터〉에 등장할 것 같은 모습으로 도색하고 코팅해 놓은 기념 조각들도 있다).

환경에 잘 견디게끔 도색되고 코팅된 자동차도 야외에 일주일만 세워두면 먼지가 쌓이고 비라도 맞으면 먼지 얼룩에 뒤덮인다. 게다가 자동차를 뙤약볕에 몇 년간 세워둔다면 제아무리 자동차에 입혀진 코팅이라 한들 도색마저 갈라지고 변색될 것임은 쉽게 예측할 수 있다. 하물며 온몸으로 뙤약볕과 자외선, 먼지, 타르, 꽃가루에 황사까지 견디고 있는 야외 청동 조각이 수 년간 깨끗한 상태로 변함없이 서 있을 수 있을까? 그런 기대는 매우 불합리하다.

2015년, 서울 남산공원 김구 동상의 얼룩이 화제가 되었다. 표면의 밝은 부분과 검은색 부분이 극명하게 대비를 이루고 있었기 때문이다. 검은색 부분은 주로 먼지 오염으로 인한 것인데 이는 동상 표면의 거친 부분에 타르와 이산화황 등 공기 오염물질이 축적되고 거기에 금속표면의 파티나patina층(파티네이션으로 만든 표면층) 등이 뒤엉긴 결과다. 이렇게 오염된 부분은 쉽게 떨어지지 않는다. 한편, 밝은 부분은 검은 오염층이 축적되지 않은, 표면이 다소 매끄러운 부분으로 여기에 있던 이전 코팅층은 분해되어 없어지고 그 결과 코팅층 안의 파티나층이 드러나 있는 경우다. 그런데 '청소'하는 과정에서 물을 뿌리고 솔 등으로 문지르면 정작 제거돼야 할 검은색 오염층은 떨어지지 않고 비교적 쉽게 벗겨지는 파티나층만 더 밝아진다. 결과적으로는 얼룩이 강화되는 꼴이다. 그런 상태로 클리닝 이후 코팅을 하면 처

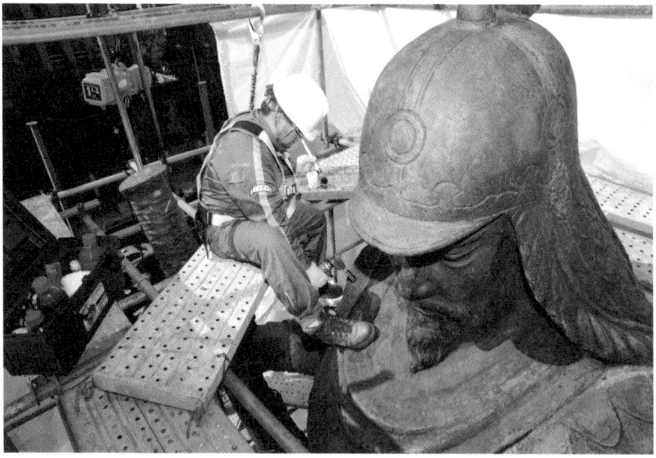

이순신 동상 표면을 작업하고 있는 모습.

음에는 코팅층 덕분에 눈에 띄지 않지만 1~2년 후 코팅층이 벗겨지면서 동상은 이전보다 더 심하게 얼룩져 보이게 된다.

우리가 세차를 할 때 누구도 수세미나 거친 솔로 표면을 문지르지는 않을 것이다. 더군다나 자동차 코팅층보다 훨씬 약한 동상 표면을 솔 같은 것으로 문질러 청소하는 것은 상식적으로도 이상한 행동이다. 그런데도 매년 신문 한쪽에 '동상님들 목욕하신다'는 기사와 함께 동상 표면을 솔로 싹싹 문지르는 사진이 자랑스럽게 등장하곤 한다.

그러므로 수백 년간 야외에 청동 작품을 세우고 이를 관리해온 해외 사례를 한번 돌아보고 배울 필요가 있다. 여전히 잘못된 클리닝 방법 때문에 외형이 더욱 악화되어가는 동상이 많기 때문이다.

# 아무나 할 수 없다는 자신감

대학원에서 논문을 준비하는 학생 두 명이 찾아온 적이 있다. 이들은 지인인 교수님의 추천으로 찾아왔는데, 논문 주제인 파티네이션에 대해 도움을 받고 싶다고 했다. 연구소에 약품과 청동 조각을 준비해놓고 학생들에게 색내기를 몇 가지 보여주며 방법을 자세히 설명해주었다. 그러고는 학생들로 하여금 직접 해보게 했다. 그런데 옆에 있던 연구소 부대표인 아내가 그렇게 다 가르쳐주어도 괜찮은지 걱정스럽게 물어왔다. 내가 파티네이션을 배우기 위해 일본과 영국에서 어떤 과정을 거쳤는지 잘 아는 사람이기 때문이다. 유학 시절뿐이던가. 이후로도 십여 년간 힘들게 경험을 쌓아 체득한 기법이 바로 나의 파티네이션 기법이다. 하지만 나는 아내에게 괜찮다고 대답했다. 가르쳐주고 알게 하는 것이 내가 할 일이라고 말이다.

이전에 서울시에서 야외 청동 조각의 보존 작업과 관련된 자문을 해왔을 때도 필요한 약품이나 처리 방법을 모두 가르쳐주곤 했다. 시범을 보여주고 작업 책임자에게 실제로 해보게도 하며 거대한 기념물상 전체를 파티네이션하는 방법을 모두 가르쳐주었다.

파티네이션은 청동 표면을 강제로 부식시켜 보호막을 만드는 동시에 아름다운 색을 내는 기술이다. 몇 가지 약품을 어떤 농도로 제조하고 섞느냐에 따라, 청동 표면의 온도에 따라, 그날 온도나 습도에 따라 다른 색이 나온다. 뿐만 아니라 약품을 찍어 만들어내는 붓의 패턴과 그 패턴이 쌓여 만드는 질감과 마무리 왁스 코팅 방법에 따라서도 완전히 다른 모습을 만들어내는 기술이 바로 파티네이션이다. 파티네이션 기법에 관한 여러 종류의 책도 원서로 나와 있고 인터넷에서 'patination'이란 키워드로 검색하면 약품이나 온도 등에 대한 자세한 정보를 얼마든지 얻을 수 있다. 그러나 그 내용을 자세히 들여다보면 금세 이상한 점을 발견하게 된다. 같은 색을 만드는 방법을 설명하는데도 제시하는 약품이나 구체적 방법이 조금씩 다 다르기 때문이다.

예를 들어 우리나라에서 황화칼륨은 뜨거운 청동 표면에 부으면 검은색이 되고, 그 상태에서 바로 거친 솔이나 모래로 문지르면 황동색이, 조금 낮은 온도에서는 암갈색이 되기도 한다.

한편 아주 뜨거운 표면에 약품을 머금은 붓을 꾹 눌러 반응시키면 밝은 회색이 되기도 하지만 그 온도 이상을 넘어가면 시커멓게 타버려 쓸모가 없어진다. 청동 하면 떠오르는 초록색 혹은 청록색도 질산구리, 황화구리, 암모늄이 만들어내는 색이 다 다르고 이들 역시 온도나 반응시키는 방법에 따라 다 다른 색과 질감이 나온다.

사실 그처럼 다른 결과가 나오는 가장 큰 요인은 우리나라에서 만들어진 청동은 주물 비율이 다 다르고 경우에 따라선 한 작품 속 조각들의 주물비가 다른 일도 있기 때문이다. 특히 용접선은 대부분 성분이 달라 파티네이션을 할 때 그때그때 상황에 따라 약품 농도를 바꾸거나 온도를 바꿔가며 색을 내고 경우에 따라선 안료도 쓰고 색왁스로 마무리를 하기도 한다. 이러한 상황이니 이른바 선진국에서 좋은 조건하에 청동에 색을 내던 기술자도 경험을 쌓지 않으면 우리나라 조각은 함부로 손을 대기가 힘들다.

앞으로도 누군가 파티네이션에 관해 물어온다면 나는 내가 아는 모든 것을 이야기해주고 시범도 보여줄 것이다. 동시에 그렇게 배운 방법으로 나중에 혼자서 해본다면 똑같이 되지 않을 수도 있다는 이야기 역시 빼놓지 않을 것이다. 파티네이션은 마치 어머니 손맛 같다. 같은 레시피로 해도 똑같은 맛이 나오기 힘들고 계측화, 계량화하기가 어렵다. 숫자나 매뉴얼만으로 구

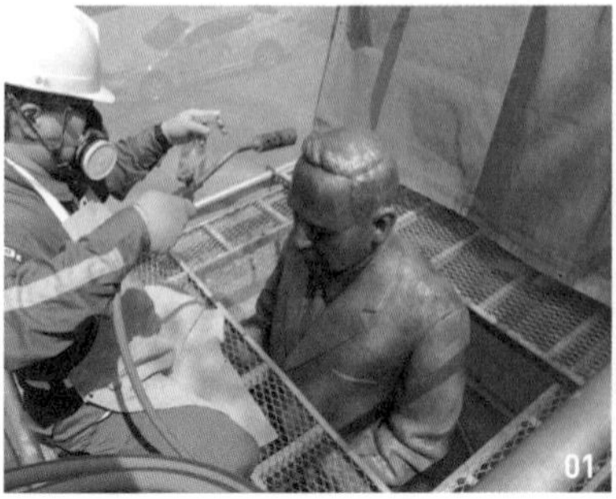


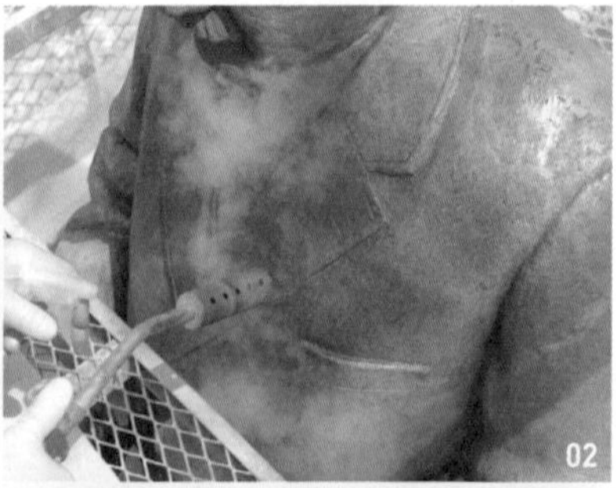


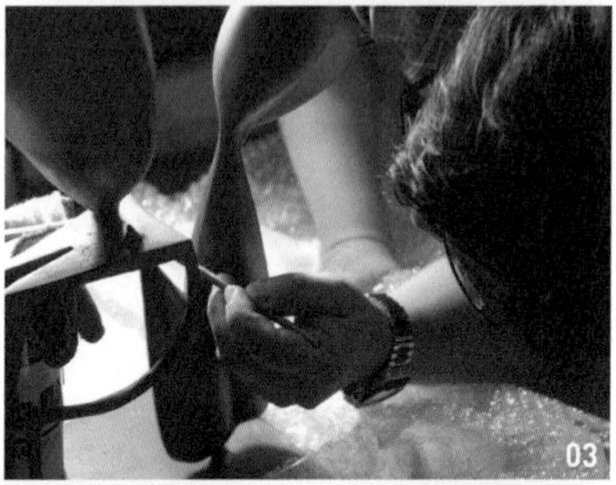


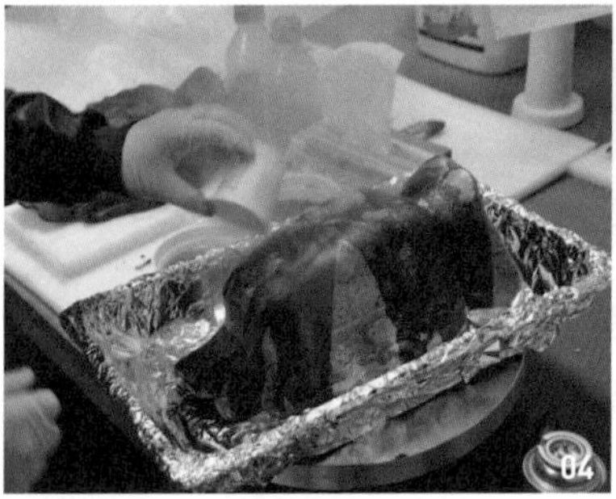


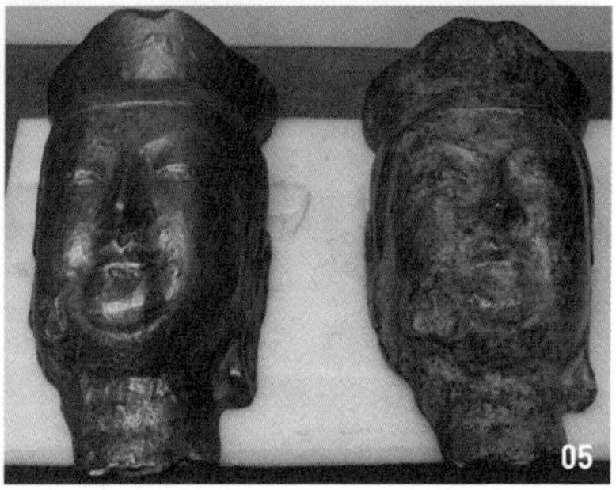


**01** 파티네이션 작업 모습.
**02** 연기가 뿜어져 나오며 착색되고 있다.
**03** 금속작품을 처리하는 모습.
**04** 황화칼륨용액으로 작품을 부식시키는 장면.
**05** 서로 다른 방식으로 완성된 두 가지 모습.

현할 수 없는 맛과 가치는 수많은 경험을 통해 스스로 깨달아야 비로소 얻을 수 있다. 맛은 맛이되 일류 요리사가 아닌 어머니의 손맛에 비유한 까닭은, 작품이 주는 미적 체험은 개개인에게 모두 다른 기억과 느낌을 남기기 때문이다. 그러한 느낌을 복원하는 데에는 기술뿐 아니라 작품과 작가의 의도를 이해하는 과정이 꼭 필요하다.

보존복원 작업은 너무나 다양하고 작품에 따라 해석 방법과 적용 기법이 모두 다르므로 항상 흥미롭고 긴장을 늦출 수 없다. 나는 내가 배우고, 익히고, 경험해온 모든 것을 누구와도 나눌 것이다. 하지만 파티네이션은 몇 시간 동안 이야기를 듣고 익힌다고 당장 익숙하게 할 수 있는 일이 아닌 것을 안다. 그렇기에 나는 바란다. 이제 막 보존복원을 배워가는 이들이 몸과 감각으로 실력을 갈고닦아 언젠가 저마다 손맛을 구현해내는 복원가들이 되기를.

# 3부

## 예술과 시간과 인간

누군가의 마음을 만나는 일

# 누군가의 마음을 만나는 일

몇 해 전 고려대학교 영자 신문 기자들이 직업 탐방 기사를 쓰겠다며 연구소를 방문했다. 자리에 앉자마자 취재 기자는 보존복원가가 요즘 학생들 사이에서 뜨는 직업이라며 분위기를 띄워주었다. 눈치 없는 내가 "그럴 리가요. 보존복원도 그렇고 문화, 예술 관련 일은 취업도 어렵고 돈 벌기도 쉽지 않아 꺼릴 텐데요"라고 이야기했지만 그는 정말로 그렇지 않다며 배려를 잊지 않았다. 그런데 그 학생이 한 가지 근원적인, 어쩌면 가장 중요한 것일지도 모를 질문을 내게 던졌다. "유물은 왜 보존하고 복원해야 하나요?" 왜 돈을 들여 유물을 보존하고 복원하는가. '문화유산'이라는 단어에서 느껴지는 권위나 가치는 대체 어디서 오는 것이며, 정말 그런 절대적인 가치가 존재하기는 하는 걸까? 아무리 생각해봐도 지금 우리 사회는 과거 조상이 남긴 물건에 크게 가치를 느끼고 있는 것 같지 않은데.

누구나 기억 속에 이런 풍경 하나쯤 갖고 있을 것이다. 집안 한구석에 먼지 뿌옇게 앉은 훈장이나 옷가지, 기록물 같은 것이 쌓여 있는 모습. 부모님으로부터 저것은 할아버지 때부터 전해 내려온 우리집 가보이니 잘 간직해야 한다는 말을 들어본 적도 있을 것이다. 그런데 정작 그 '가보'라고 하는 물건을 대하는 우리의 마음은 어땠는지 돌이켜 생각해보자. 보물? 억지로 떠맡긴 했는데 금전적 가치는 별로 없을 것 같고, 가보라고 하니 가끔 먼지도 털어주고 아이들에게도 저건 잘 간직해야 한다고 이야기하긴 하지만 속으로는 솔직히 그 이유도 잘 모르겠고 귀찮기도 하고…… 그런 느낌이랄까? 지금 우리 사회가 유물을 보는 관점이나 태도가 바로 이런 상황과 흡사하다고 나는 생각한다.

한국인은 5천 년 문화민족이라고 자랑스레 이야기해왔다. 그리고 그 증거물로 유물을 모아두고 박물관에 멋지게 전시해두었다. 최근에는 세계적으로 자국의 역사적 자랑거리를 유네스코 유산 목록에 올려놓는 것이 유행이니 일단 열심히 우리 유물을 그 목록에 줄세워두고 있다. 내가 너무 삐딱하게 부정적으로 보고 있는 것일까?

현재 한국이 취하는 행보는 진심으로 자국의 문화를 중요하게 생각하는 나라의 그것으로 보이지는 않는다. 대학에서 역사와 문화를 공부하는 학문은 인기가 없고 관련 지원도 줄어들고 있으며 이를 다루는 학과는 폐지되어가고 있다. 지금 우리가 유물을 보존하고 관리하는 이유는, 그저 관리가 부족해서 문제가 생기면 행여 골치 아픈 일이 생길까봐 마지못해 하는 정도 아닐까. 정말 소중하고 가치 있게 여기며 진심으로 좋아하는 물건이라면 항상 꺼내 보고 닦아주고 작은 흠이 생긴 걸 발견하기라도 하면 너무 속상해서 밤새 뒤척이고 할 텐데 우리는 문화재를 새로 산 자동차만큼도 생각하지 않고 있다.

나는 "그래야만 한다"는 밑도 끝도 없는 당위를 좋아하지 않는다. 문화재, 유물, 작품은 소중한 것이라는 전제도 스스로 체감하지 못하면 그에 걸맞은 행동으로 쉽게 옮겨지지 않는다. 그러면 보존복원 행위가 무의미할 뿐더러 박물관이나 미술관을 운영할 이유도 없다. 정말 유물은 우리 삶에 어떤 의미가 있나?

유물은 오래 전 누군가가 만들어놓은 물건이다. 과거이자 기억이며 스스로 증언하는 '말 없는 외침'이다. 그 외침은 과거 인간이 주변 환경에 반응한 방식이며 그중 예술작품은 마음과 정서로 반응한 기록이다. 글로 쓴 역사는 사실과 정보를 기록한 것이지만 예술작품은 과거 우리 '마음의 기록'인 것이다. 그래서 유물을 마주하는 일은 과거 누군가의 마음을 만나는 일이다.

또한 유물은 수백 년의 시간을 살아온 궤적이다. 인간은 시간이 흐름에 따라 노화하고 결국 죽는다. 때문에 불사나 영원에 대한 갈망은 곧 변하지 않는 가치에 대한 갈망으로 이어진다. 끝없이 자손을 낳아 번식을 하려는 것도 영원성을 담보하기 위한 종의 전략이다. 현재의 나는 수백 년, 수천 년을 지내온 유물을 통해 과거 선조부터 태어날 후세까지의 삶에 관여하는 영원성과 시간을 구체적으로 체험한다.

유물에 관한 위와 같은 정의는 매우 관념적으로 비칠지도 모르겠다. 그러나 과거나 미래에 관한 상념 자체가 무의미하게 느껴진다면 우리는 지나치게 현재에 얽매여 살고 있는 것이다. 오직 열심히 사는 현재가 미래를 만들고 그 자취가 훗날 자랑스러운 과거로 남으리라고 믿는 태도는, 긴 안목으로 미래를 상상하고 설계하고 예측하는 인간의 특성, 꿈꾸는 인간 본성을 발목 잡고 있는 것일지도 모른다. 아이들이 고대 유물을 바라보며 수천 년의 시간을 상상하고 꿈꾸며 여행하는 체험을 하지 못한다면 박물관은 그저 과제를 위해 메모하고 현장 체험 점수를 따는 학교 밖 학원일 뿐이다.

대안학교에서 자원 미술 교사를 하며 아이들과 미술관에 간 적이 있다. 그때 나는 아이들에게 자유롭게 전시 공간을 돌아보다가 눈에 들어오는, 혹은 마음에 들거나 말을 걸어오는 작품이 있으면 그 작품만 바라보다가 오면 좋겠다고 했다. 그리고 한 시간 후에 모여 그때의 느낌을 서로 나누어보자고 했다. 아이들은 말없이 말을 걸어오는 작품과 많은 이야기를 나누었고 한 시간

후, 돌아온 아이들은 모두 시인이 되어 있었다. 작품과 유물은 박물관 한쪽에 앉아 마주한 사람들에게 끝없이 말을 걸고 있다.

# 부조리한 인간을 외면하는 사회

"여유롭게 사시네요."

나는 이런 오해 섞인 말을 자주 듣는다.

나의 생활은 지독하게 가난하지도, 그렇다고 넘치도록 풍요롭지도 않다. 하지만 사람들이 내게 하는 그 말 속에서 나는 종종 숨은 뜻을 감지한다.

"한국에서는 하루 벌어먹고 살기도 힘든데 옛날 예술작품 복원하는 일을 하시다니, 아마도 물질적으로 꽤 잘사시나보네요. 하지만 유감스럽게도 저는 그럴 여유 같은 건 없어요."

한국에서 예술은 해야 할 일 다 하고 난 다음에야 비로소 누릴 수 있는 사치스러운 일로 여겨진다. 그렇다면 우리는 잡생각 따위는 하지 않고 팽팽한 긴장을 늦추지 않은 채 명확한 목표를 향해 부지런히 달려가야만 하는 걸까?

추억이나 감동 같은 것은 여유 있는 사람들이 누리는 백일몽이나 사치 정도로 폄하되는 분위기에서는 예술작품이나 문화유산, 유물의 가치가 정당하게 평가받기 힘들다. 기분이나 느낌 같은 정서의 영역을 함부로 대하는 풍토는 그것들이 논리적이지 못하고 예측하기 힘든, 지나가는 바람처럼 순간적이고 사소한 현상이라 여기는 태도에서 비롯된다. 산업화, 자본화가 진행될수록 구성원들은 항상 논리적이고 명석하게 생각하고 행동하는 것이 옳다고 믿게 되었다. 찰리 채플린이 영화 〈모던 타임스〉에서 톱니바퀴와 하나가 되어버린 인간을 묘사한 것처럼, 오늘날 우리가 구가하는 물질적 풍요는 정확하게 예측 가능한 방식으로 움직이는 기계 시스템에 인간의 몸을 맞춰온 결과일지도 모른다. 하지만 지금 우리가 이룬 이 고도의 산업화가 출발한 지점은 어디인가? 어찌 보면 쓸모없고 의미 없는 것들에 가치를 부여하고, 복잡해 보이기만 하는 자연 현상을 추상화하고 기록하며 축적해온 인류 문명의 결과가 아닐까? 존재하지 않는 것에 가치를 부여하는 행위의 중심에 예술이 있다.

고대 이집트 상형문자가 새겨진 벽화는 기록물인 동시에 예술품으로서도 높은 가치를 지닌다. 그들이 남긴 내용만큼이나 '조형하는 인간' 그 자체도 흥미롭기 때문이다. 그럼에도 요즘 사회 분위기는 사유의 깊이보다 많은 정보를 처리하는 능력과 효

율성에 더 큰 가치를 부여하는 것 같다. 붓끝에 마음을 담아 한 획에 실어내는 느린 시간들조차 더 많이 일하고 공부하기 위해 '쉬어가는 시간'으로 생각하거나, 이마저 누리지 못하고 앞만 보고 달리는 시대를 살고 있다. 이러한 시대에 예술은 정말 쓸모없어 보인다. 특히 추상미술 같은 것은 무의미하고 부조리하기 짝이 없어 보이는데, 여기에 아주 높은 값어치를 매기기도 하니 더더욱 이해가 안 될 것이다.

그런데 좀더 깊이 살펴보면 논리를 이토록 중시하는 인간이 사는 모습은 왜 이리도 부조리할까? 우리는 알면서도 실수하고 끊임없이 후회하며, 자신의 행동을 논리적으로 설명하지 못한다. 매일 똑같은 실수를 반복하는 나 자신을 직면하는 것은 부끄럽고 피하고 싶은 일이지만 우리 인간 자체가 비논리적이고 부조리한 존재다. 이 부조리를 잘 들여다보고 끄집어내어 살펴보면서 우리는 일상의 한계를 넘어서며 성장하게 된다.

인간의 부조리함을 적나라하게 끄집어내는 대표적인 문화 행위가 축제와 예술이다. 논리적이거나 과학적이지는 않지만 우리 사회에 강력한 영향력을 미치는 종교나 제례의식이 축제, 예술과 밀접하게 닿아 있는 까닭도 여기에 있다.

축제나 제례의식은 일견 매우 부조리해 보인다. 축제 기간 동안 사람들은 물을 뿌리고, 토마토를 쏟아붓기도 하고, 편을 갈라 돌을 던지거나 성난 황소를 거리에 풀어놓기도 한다. 나는 이러한 점에서 한국에 진정한 의미의 축제가 남아 있는지 의문이 든다. 영화제나 지방 특산물 축제 등 별별 축제가 1년 내내 이어지다시피 하지만, 그 안을 들여다보면 '관광 산업 진흥', '시장 활성화' 같은 지극히 현실적인 목적들만 보일 뿐 디오니소스적 광란과 발산의 장을 펼쳐주는 축제는 찾아보기 힘들다. 축제를 즐기지 못하는 사람들에게 예술작품에 깃든 비논리성 또한 낯설 수밖에 없다.

예측불가능하기 때문에 누렵고 피하고 싶은 부조리함이 바로 인간 실존의 모습이며, 이것을 상징적으로 드러낸 결과물의 정수가 예술작품일 것이다. 그렇다면 예술의 진정한 가치를 보지 않는 사회는 어쩌면 인간 본연의 모습을 외면하는 사회가 아닐까? 소위 문화 선진국은 예술이나 축제 문화가 잘 발달해 있다. 그곳에서 예술가나 예술작품에 높은 가치를 부여하는 이유는 예술을 단지 경제적으로 여유로운 사람들에게만 허락된 취미로 보지 않기 때문이다. 예술 덕분에 우리는 인간과 인간의 역사를 깊이 이해할 수 있으며, 그 바탕 위에서 번영을 누릴 수 있다는 걸 알고 있기 때문이다.

사람은 누구나 하루하루 짜인 틀 속에서 반복된 삶을 살아간다. 사회 구성원으로서 역할을 수행하기 위해 교육을 통해 과거의 지식과 기술을 배우고 익힌다. 이러한 생활 가운데 의미 없는 생각, 쓸모없어 보이는 행동, 나아가 부조리의 정수인 예술행위가 더해질 때 창의적인 무언가는 자연스럽게 나온다. 도통 알 수 없고 이해할 수 없는 물건인 예술작품, 그리고 예술행위를 무심하게 바라볼 때 우리는 우리 영혼의 발목을 무겁게 붙잡고 있던 일상성에서 가볍게 벗어나 꿈을 꾸기 시작한다. 어쩌면 그런 꿈과 상상력이 우리가 미처 생각지 못했던 또다른 곳으로 우리를 인도하는 것 아닐까.

# 고색,
# 영원의 가치

해외 주재원으로 긴 시간을 보낸 의뢰인이 유럽에서 구입한 유화의 전면 클리닝을 의뢰해왔다. 고풍스러운 기운이 넘쳐 19세기 카미유 코로의 풍경화를 연상시켰는데, 긴 세월을 보낸 유화에서 흔히 볼 수 있는 자연스러운 균열을 연출하기 위해 특수 바니시craquelure varnish를 사용한 작품이었다. 습한 곳에 보관해 먼지가 쌓이고 얼룩이 생기는 등 오염이 심해져서 클리닝을 의뢰해왔다. 물론, 그 작품이 일반인에게는 고색의 아름다움을 품은 19세기 작품으로 보일지도 모르겠다. 르네상스 시대에 그려진 〈모나리자〉에 보이는 유화의 균열처럼, 오늘 발라도 내일이면 100년의 시간이 흐른 것 같은 느낌을 주는 바니시라니 놀랍지 않은가? 바버라 아펠바움은 『보존처리방법론』에서 유물의 가치를 열세 가지로 나누어 설명하는데, 그중에서도 '오래됨'의 가치는 흥미로운 부분이다.

책에서 아펠바움은 사람들은 "오래되어 보이고 낡아 보이는 것을 선호한다"고 설명한다. 그럼 대체 왜 낡은 것을 좋아할까? 자동차는 1920년대 클래식 카라도 녹슬고 낡아빠진 것보다는 번쩍이고 새것 같은 것을 갖고 싶어하면서 오래된 예술작품이나 유물은 낡아 보일수록 더 큰 가치를 느끼고 선호한다. 예를 들어 역사와 문화를 느끼고 싶어하는 여행객은 찬란한 원색 단청으로 말끔하게 단장된 사찰보다는 색이 바랜 낡은 사찰에서 정서적 만족감을 느낀다.

오래되어 낡은 모습이 주는 역사성을 두고 우리는 흔히 '고색창연하다'라고 표현한다. 손상을 입었다고 느낄 정도는 아닌, 약간의 흐트러짐과 누런 변색의 자취에서 세월의 흔적인 고색古色을 느끼는 것이다. 고색을 복원한다는 것은 이러한 느낌을 조금 남겨두거나 의도적으로 살리는 것을 말한다. 유물의 경우 예스러움까지 복원하거나 재현해주어야 잘된 복원이라는 평가를 받는다.

그래서 사람들은 복원된 유물을 보고 "깨끗해진 것은 좋은데 예전의 고풍스런 느낌을 찾을 수가 없다"는 평가를 내리기도 한다. 이런 논란을 일으킨 가장 대표적인 예가 아마 미켈란젤로의 시스틴 성당 천장화 복원 작업일 것이다. 복원가들은 미켈란젤로가 사용한 물감층을 제외한 먼지와 때, 이후의 모든 덧칠을 과학적 분석을 거쳐 느리고 꼼꼼한 손길로 전부 제거했다. 그 결과, 오랫동안 어둡고 고풍스러운 색과 톤에 익숙해 있던 대중과 이론가들은 너무 깨끗해진 화면이 낯설어 적응하기 어려웠고 작업을 진행한 복원가들은 무수한 비난을 받았다. 오래된 건축물을 복원할 경우, 작업이 끝나고 새로 지은 듯한 말끔함 때문에 이런 비판에 직면하는 사례가 종종 있다.

사실 시스틴 성당 복원에 관해서는 고색에 대한 향수를 넘어서 몇 가지 문제가 제기됐다. 미국의 미술사학자 제임스 벡James Beck 교수가 제기한 문제의 요점은 애당초 미켈란젤로가 의도하고 그린 그림과 현재 복원된 모습이 다르다는 것이다. 이를테면 일부 세코secco층이 사라진 것이 그렇다. 순수하게 젖은 회벽 위에 안료를 발라 굳히는 기법을 프레스코 부오노fresco buono, true fresco라고 하는데, 템페라tempera 기법(물감 안료를 달걀의 노른자나 흰자에 섞어 칠하는 기법) 등으로 그 위에 안료를 덧발라서 그림에 입체감을 주는 것을 프레스코 세코fresco secco 기법을 더한다고 한다. 조각가로 더 명성이 높았던 미켈란젤로는 평면 회화에서도 입체감을 중시했고, 카본블랙을 사용한 어두운 세코층을 통해 작품에 깊이와 입체감을 주었다. 그런데 그것이 최근 복원 과정에서 대부분 제거된 것이다. 어떤 인물은 세코 기법으로 더해진 검은 눈동자마저 잃어버렸다. 세코층 말고도 그림 전체의 색상

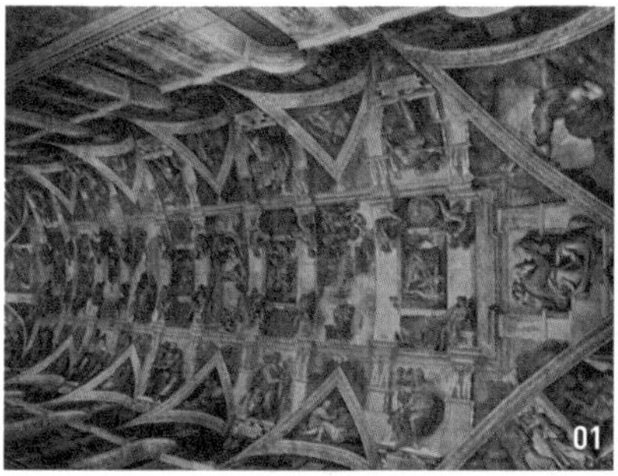

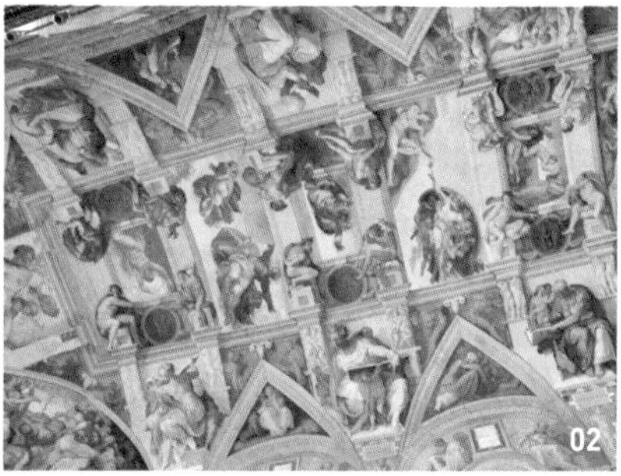

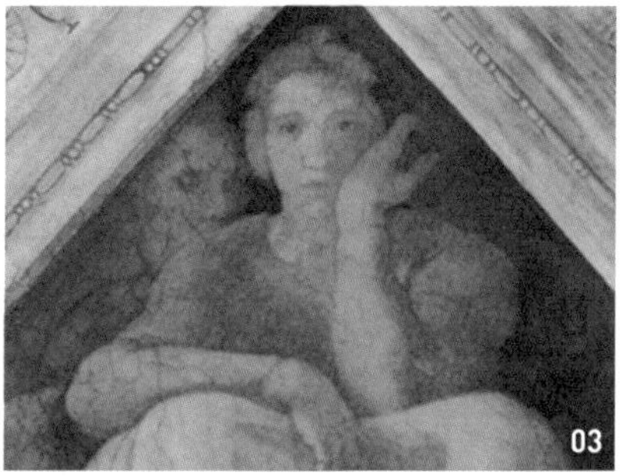

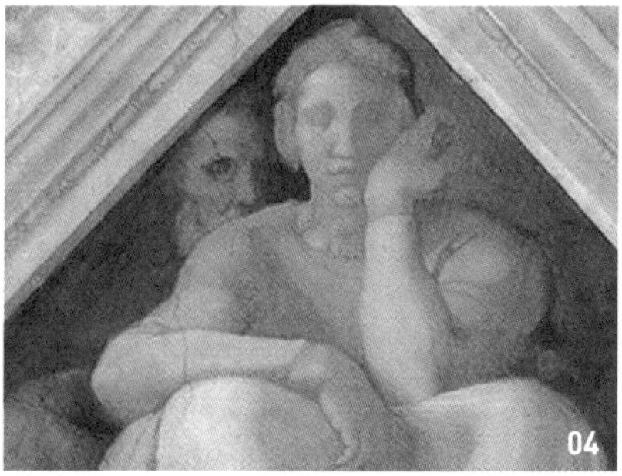


**01, 02**
시스틴 천장화 복원 전과 복원 후의 모습.
**03, 04**
시스틴 천장화를 복원한 후, 세코 기법으로 더해진 인물의 검은 눈동자가 사라진 모습.

을 어둡게 해주려는 목적으로 작가가 바른 바니시층이 제거되면서 시스틴 성당 천장화는 미켈란젤로의 다른 회화들과 비교해도 매우 낯선 그림이 되어버렸다.

복원이란 기술의 문제만이 아니라 작품이 간직한 이야기를 철저하게 조사해야 하는 문제이기도 하다. 인문학과 미술사에 기반해 면밀한 자료 검토를 거치고 전문가들이 함께 고민하면서 기술적으로 해결해나가는 분야가 복원이다. 10년 넘게 전문가들이 고심해 복원한 세계적인 문화유산을 두고도 지금까지 여러 문제점이 제기되고 있는데 불과 2, 3년 만에 계획을 세우고 실제 복원까지 다 끝내버리는 우리 문화유산 복원 풍토는 '세계화'에 걸맞지 않다.

고색을 복원에 잘 활용한 사례를 일본에서는 쉽게 찾아볼 수 있다. 일본 교토나 나라의 사찰에 가보면 아주 낡은 목조 불상들이 낡은 건물 내부에 을씨년스럽게 놓여 있다. 방문객은 그곳에서 수백 년 전 역사의 자취를 흠뻑 느끼고 돌아간다. 말끔히 새로 금박을 입힌 불상에서는 느낄 수 없는 역사성을 체험하는 것이다. 수백 년간 먼지만 떨어내는 정도로 관리한 결과라고 생각할 수 있지만 사실 이런 종류의 일본 문화재는 상당히 적극적인 복원을 거친 결과다. 불상을 복원실로 옮겨와 클리닝, 분해, 경화(부스러지는 등 약한 부위를 단단하게 굳히는 과정), 안정화 등을 거친 후 최종적으로 '낡아 보이도록' 마무리지은 것이다. 사찰에

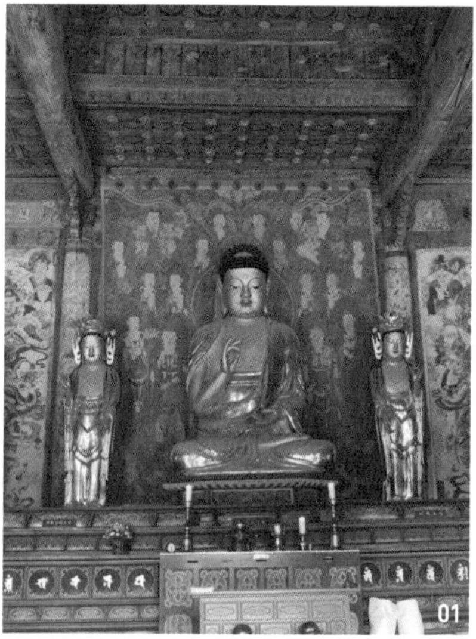

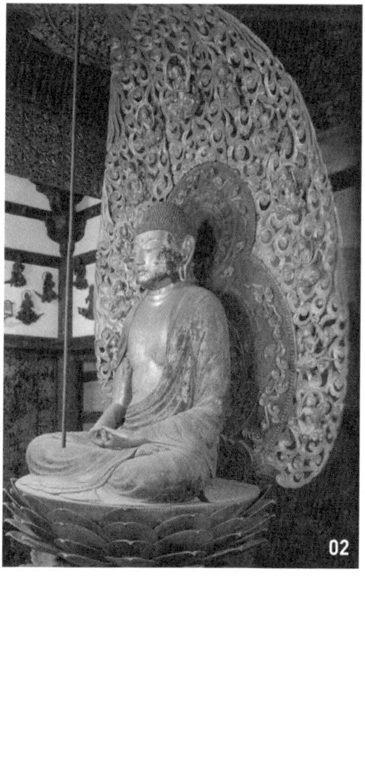

01 한국의 불상.
02 일본의 효도인 아미타좌상.

서 깨끗하게 도장한 불상이라면 칠을 모두 벗겨내고 사찰 내 오래된 '먼지를 모아' 표면에 고착시켜 오래된 분위기를 만들어주기도 한다. 일본의 경우가 정답이라고 얘기하려는 것은 아니지만, 겉으로 보기에 그저 그렇게 놓여 있어 별다른 손길을 거치지 않은 것처럼 보이는 고색조차도 섬세한 돌봄과 고려 끝에 나온 결과물임을 말하고 싶다.

영국에서 성당 복원 작업을 할 때는 새로 교체한 건축물 부속이 과거의 것과 색이 맞지 않더라도, 일부러 인위적인 색 맞춤을 통해 고색을 만들지 않는 것이 원칙이었다. 깨끗한 석재가 지금 당장은 눈에 거슬리더라도 백여 년쯤 흐른 뒤에는 자연스레 노화되어 주변과의 차이가 줄어들 것이기 때문이다. 당장의 인상에 연연하지 않는달까.

결국 문화유산이 간직한 가장 큰 가치는 그들이 살아왔고, 살고 있고, 앞으로 살아갈 시간 속에 있지 않을까. 유적지나 박물관, 미술관의 전시물로 존재하는 문화유산은 말이 없다. 하지만 유물은 지금 우리가 그들을 대하는 태도를 고스란히 몸에 새긴 채 묵묵히 살아갈 것이다. 그리고 먼 훗날 우리의 후손은 이렇게 새겨진 흔적을 통해 21세기 한국을 읽어내리라.

# 생명 연장의 꿈, 레플리카

세계보존과학회IIC가 1984년 채택한 보존가와 복원가의 작업 규정에서 복원restoration이란 유물을 확인 가능한 가장 오래된 모습으로 되돌리는 것이라고 정의하고 있다. 그러나 확인 가능한 가장 오래된 모습이란 무엇이며 그 모습으로 되돌린다는 것은 또 어떤 의미일까? 예컨대 유물의 모습 가운데 색상만을 한정해 가장 오래된 모습으로 되돌리기 위해 복원가가 색맞춤을 실시했다 해도 안료는 세월의 흐름에 따라 색감이 변하기 마련이다. 그러므로 현대인이 '오리지널 색상'이라고 여겨 복원한 색상 또한 정말 그 당시의 색이 맞는지 아닌지 알 수 없다. 복원 후 복원가는 사람들에게 고색을 찾아 재현해냈다고 설명하고 언론에서도 전문가들의 작업에 찬사를 보낼 수 있겠지만 그 모습이 정말 옛 모습과 똑같은지는 어느 누구도 보증할 수 없다. 결국 오리지널을 찾아가는 과정에서 작품을 클리닝하거나 수리된 부분을 제거하거나 새로운 부분을 덧붙여가며 어쩔 수 없이 불안한 과정을 통과해야만 한다.

고대 동경銅鏡이 부식되어 본래 거울로서 반사되던 표면을 잃은 것이나, 회화의 변해버린 바니시 표면, 직물의 염료가 변색된 것 등은 본래의 모습으로 되돌릴 수 없는 것이 현실이다. 복원을 통해 이전의 기능과 모습을 되찾는 경우는 극히 드물며 유물에는 항상 유물이 살아온 세월의 자취를 남겨둘 수밖에 없다.

복원이라는 과정은 하나밖에 없는 유물을 다루는 일이므로 항상 위험을 동반한다. 거울로서 동경의 기능을 되살리고 싶다고 출토된 유물의 표면을 갈아낼 수는 없다. 복제품을 만들어 본래의 쓰임새를 복원해낼 수는 있다. 즉, 오리지널 유물은 상태가 더 나빠지지 않도록 안정화stabilization시켜 보존하고 복제품은 연구 및 교육의 목적으로 사용할 수 있다. 혹은 유물이 극히 불안정한 상태거나 안정화가 불가능할 때는 복제품을 제작하는 것만이 유일한 해결책이기도 하다.

유물 자체의 안정화가 힘든 상황은 먼저 보존 환경을 제어하기 힘든 경우로 건축물이나 기념물 등 야외에 노출된 유물이 여기에 해당된다. 예를 들어 사찰 건물 등을 생각해보면 이를 통째로 박물관 안에 들여놓지 않는 이상 건물을 둘러싼 자연환경을 제어하는 일은 불가능하다. 또한 지나치게 많은 예산이 소요되는 경우로 건축물과 같이 거대한 유물이나 자연환경이 이에 해당한다. 마지막으로 플라스틱이나 고무처럼 유물 자체의 성질이 불안정한 재료의 경우다. 인간의 편의를 위해 만든 합성수지는, 애당초 자연에서 채취할 수 있는 생고무나 아교 같은 유기물을 흉내내 석유에서 추출해 만들어낸 물질이다. 자연 속 유기물이 썩어 사라지듯이 합성수지 또한 비슷한 파멸의 과정을 겪게 된다. 오래된 건축물을 보존, 관리할 때 지금도 사용할 수밖에 없는 문고리 같은 부품은 복제품으로 대체하고 오래된 문고리는 안정화하여 전시하거나 수장하는 방법을 선택하게 된다. 이탈리아 피렌체 두오모 성당의 기베르티가 만든 청동문은 거대한 문 자체를 통째로 복제품으로 대체했다.

우리나라에서는 찾아보기 힘들지만 외국 박물관에서 자주 복제되는 유물은 작동하는 전시물이다. 증기 기관이나 움직이는 인형 등은 전시장에서 실제 움직이도록 설치해놓은 경우가 많은데, 원작을 작동시키면 자연히 부품이 닳거나 손상되기 쉬우므로 생동감 있는 전시나 교육을 위해 복제물을 사용하곤 한다. 이와 같이 원작을 대체해 복제하는 이유는 다양하다. 사진 촬영과 영상 촬영 등 기록 행위와 더불어 복제 또한 보존복원 과정의 일부로 받아들여지기 때문이다.

내가 일본에서 연구생으로 생활했던 동북예술공과대학에서

도 보존을 전공한 졸업생 중 한두 명은 꾸준히 복제품을 만드는 회사에 취직했다. 박물관에 전시되는 복제품은 단순히 유물을 닮은 모형을 만드는 기술만 필요한 것이 아니다. 유물의 재질과 기법을 이해하고 이를 바탕으로 동일한 재질과 기법으로 복제해내는 기술과 지식을 갖춘 사람이라야 전문적인 복제품을 만들 수 있다. 그것을 배우는 분야가 바로 보존복원이다.

# 바니타스, 순간과 영원

현대미술의 특징 중 하나는 작가의 새로운 예술개념을 표현하기 위해 사용되는 재료가 무척 다양하다는 점이다. 전통적인 재료인 종이, 캔버스, 각종 안료, 돌, 나무, 청동, 흙 등으로 만든 작품은 비교적 보존성이 좋아 적절한 조치를 해주면 구석기시대의 라스코 동굴벽화부터 다빈치의 〈모나리자〉나 뒤러Albrecht Dürer의 판화, 조선시대 안견의 〈몽유도원도〉까지 앞으로 몇 세대 동안은 문제없이 전시될 수 있다. 그러나 현대미술에서는 보존이 힘들거나 불가능한 재료를 쉽게 찾아볼 수 있다. 현대미술은 과거를 반성하고 극복하려는 의지, 새로움에 대한 충동에서 시작된 것으로 작품의 재료 또한 과거의 것을 부정하고 대체하려는 움직임이 나타났다.

러시아 아방가르드를 대표하는 작가 나움 가보Naum Gabo는 20세기 초 당시의 최첨단 재료였던 플라스틱, 셀룰로오스 니트리트Cellulose nitrate를 자신의 구성주의 작품 재료로 사용했다. 문제는 이 합성수지의 노화가 빠르게 진행되어 누렇게 변하고 있으며 외형의 변형도 진행중이라는 점이다. 늙고 다한 생명을 거스를 수 없는 자연의 섭리처럼, 열화하고 변형된 합성수지는 현재 어떠한 첨단 과학으로도 되돌릴 수 없다. 되돌릴 수는 없더라도 적어도 현재의 상태를 유지하고 싶다면 불활성 가스에 가두어 빛을 차단하고 꽁꽁 얼려두면 된다. 하지만 작품을 그렇게 냉동인간으로 만들어버리면 영구 보존이란 목표는 달성할 수 있을지 몰라도 직접 만날 수도 없는 유물에 엄청난 비용을 지불하는 셈이 된다. 그 상태로 작품이 미래의 어느 시점에 다시 깨어나기만을 바랄 것인가. 이는 현명한 선택이 아닐 것이다. 물론 이렇게 최선을 다한 결과 노화를 멈춘 유물도 있다. 양피지에 쓰인 미국 독립선언서는 아르곤 가스를 채운 어두운 티타늄 상자 속에 있고 우리나라 국보 〈천마도〉도 대부분의 외부 에너지와 차단된 환경 속에서 홀로 외로운 나날을 보내고 있다.

뒤샹은 1947년 초현실주의 선언문 표지에 폴리우레탄으로 만든 여성의 가슴 형상을 붙였다. 이 합성수지는 열화가 진행되면서 무너지고 부스러지기 시작했다. 현재는 보존 전문가들이 이것이 더이상 부스러지지 않도록 투명한 수지를 녹여 여기에 스며들게 해 경화 처리를 했다. 하지만 경화 처리에 사용된 수지 또한 언젠가는 노화될 것이므로 영구적인 해결 방법은 아니다. 프랑스 조각가 세자르 발다치니Cesar Baldaccini의 유명한 엄지손가락 조각들은 청동으로 만든 것이 일반적으로 유명하지만 폴리우레탄과 폴리스티렌으로 만든 약간 말랑말랑한 손가락도 있다. 이 경우는 현재 황변과 부스러짐이 진행중이며 과거 어느 때인가 갈라짐을 가리려고 붙여두었던 테이프 자국까지 누렇게 녹아들어 자국을 남기고 말았다.

예로부터 끊임없이 예술의 주제로 다루어온 것이 '바니타스vanitas', 곧 인생의 무상함이다. 바로크 정물화에서는 인생의 무상함을 한순간 피고 사라지는 꽃, 썩어가는 과일 등을 통해 은유적으로 표현했다. 한편 20세기 후반 조이 레너드Zoe Leonard는 미국 필라델피아 미술관 바닥에 실제 과일을 놓아두고 전시 기간 중에 과일이 상하고 썩어가는 과정을 보여주려 했다. 이 전시와 관련해 잘 알려지지 않은, 보존과 연관된 흥미로운 에피소드가 있다. 레너드의 작업이 마음에 든 관장은 썩어 사라져가는 과일을 오브제로 남겨두고자 작가, 보존전문가와 상의해 이를 박제화하기로 결정했고, 부패한 과일들의 경화 처리가 진행되었다. 그러나 이 행위가 시간의 흐름과 무상함을 표현하려 했던 본래의 의도를 역행한 무의미한 행위였음을 깨닫고 진행하던 일을 곧 멈추었다. 물질을 영원히 소유함으로써 기억을 보존하고

자 하는 행위가 항상 옳지만은 않은 것 같다.

영국 작가 마크 퀸Marc Quinn은 자기 피를 뽑아 냉매 안에 굳혀 자신의 두상을 만드는 엽기적 작업으로 유명하다. 피라는 재료의 특성상 이를 고형으로 굳혀두려면 24시간 작동하는 냉동 장치가 필요하며, 냉동 컴프레서가 멈추는 순간 조각은 핏덩어리로 해체되어버린다. 공포영화의 한 장면과도 같은 이러한 사고가 실제로 미국에서 벌어지기도 했었다. 마크 퀸의 작품을 구입하려면 이러한 수장 환경을 반드시 고려해야 한다.

또한 마르셀 뒤샹과 함께 현대 개념미술의 거목으로 꼽히는 요제프 보이스Joseph Beuys는 자신의 예술, 생명, 환경에 관한 주제를 표현하는 수단으로 지방 덩어리fat(실제로는 코코넛오일로 만든 마가린)를 자주 사용했다. 이 누런색 고분자 덩어리 또한 시간의 흐름과 함께 누렇게 건조되며 점점 더 작고 단단해지다가 부스러질 것이다. 1998년 미셸 들라크루아Michel Delacroix는 얼음판 내부에 미술사적으로 거명되는 작가들의 이름을 의미하는 알파벳을 얼려 넣어두고 나흘에 걸친 전시 기간 동안 녹아내리게 한 작업을 했다. 현재는 사진과 기록 필름만 남아 있다. 이 작업은 특히 작가가 자신의 작품을 물질로 남겨두려는 의도가 없었다는 점에서 어떤 의미에서는 조형예술이라기보다는 시간예술인 음악에 가깝기도 하다.

현대미술에서 많은 작가들은 작품을 오랫동안 남겨두고 보존해야겠다는 욕구와 필요를 버렸다. 현대미술에서는 행위와 개념만 기록되어 남거나 일회성으로 잊히기도 한다. 그러나 사소한 일상이라도 오랫동안 보존하고 소유하고 싶은 인간의 본능은, 현대미술의 일회적 개념의 순간까지 다양한 형태로 남겨두었다. 대표적 기록매체로 자기매체(예를 들면 하드디스크)나 광매체(CD나 DVD)가 있으며 이를 통해 보존성을 높이는 방법이 또다른 과제로 남겨졌다.

예술작품의 보존에 대한 관심과 의지가 사그라드는 것은 어떤 삶의 태도를 반영하는 걸까? 근대 모더니즘 정신이 산업화, 도시화 속에서 빠르게 변화하는 삶의 형태를 대변한 것이라면, 더 많이 생산하고 더 빨리 변하는 현대사회는 뒤돌아볼 여유나 미래를 꿈꿀 여유조차 없이 그야말로 현재만을 살고 있는 우리의 모습을 대변하는 것 아닐까.

그러나 삶과 생명의 본질은 변화뿐 아니라 '지속'에도 뿌리내리고 있음을 잊어서는 안 된다. 지속의 가치는 오래된 것, 추억과 기억의 보존을 통해서 잊지 않고 유지할 수 있다. 순간을 살다가는 현대 예술작품마저도 찰나의 현상을 보여주는 것만으로 끝나지 않는다. 오히려 그것들은 모종의 경고를 던지고 있음을 알아야 한다. 마크 퀸의 얼려놓은 핏덩어리나 미셸 들라크루아의 얼음덩어리를 바라보며 존재의 허무함만을 느낄 것이 아니라 허무한 삶이란 화두가 던지는 삶의 의미, 의미 있는 삶에 대한 성찰이 이어져야 하는 것이다. 보존복원 일을 하며, 순간의 삶을 표현해낸 작품들조차 손상되어 수술대에 누워 있을 때에는 좀더 살아가고자 하는 그들의 의지가 항상 내게 전해져오는 듯했다. 어쩌면 사라지기 위해 태어난 그들조차도 좀더 살아남아 자신의 의미를 사람들에게 전해주려 했던 건 아닐까.

# 공공예술에 대한 단상

광화문 청계광장에는 클래스 올덴버그의 조형물 〈스프링〉이 있다. 서울시 공공조형물 상태 점검 목록에 포함되어 있는 작품이라 이전에도 300밀리미터 망원 렌즈로 살펴보고, 보존 관리 자문에 몇 차례 응했던 작품이다. 2006년에 제작되어 10년이 지나면서 곳곳의 도장층이 갈라지고 들뜬 틈 사이로도 먼지와 때가 스며들어 있었다. 비계를 설치하고 20미터를 올라가 가까이서 살펴보니 주물된 알루미늄의 거친 표면을 매끄럽게 덮어주고 있던 퍼티putty층(표면 페인트를 칠하기 전, 표면을 고르고 매끈하게 만들기 위해 표면에 두껍게 발라올리는 반죽 같은 층)이 분리되어 갈라지고 들떠 있었다. 처음 작업을 시작하고 한 달 가량을 이 퍼티층까지 벗겨내야만 했다.

영국에서 링컨 대성당 복원 연수를 할 때 습식 블라스터 사용하는 법을 익혔던지라 이탈리아에서 만든 습식 블라스터 두 대로 도색층을 벗겨내는 동시에 약품으로도 도색층 제거를 진행했다. 블라스터는 높은 압력으로 고운 모래나 조갯가루 등을 분사해 표면층을 깎아내는 장비인데 습식 블라스터는 모래와 함께 고압의 물을 함께 분사하는 장치라서 마른모래가 주변에 날리는 것을 줄일 수 있다. 영국에서 성당 벽면 오염층을 제거할 때 사용했던 거대한 규모의 장비를 도입하기에는 제약이 많아, 휴대용 중에서 가장 용량이 큰 장비를 두 대 가동해보았다. 하지만 올덴버그의 〈스프링〉은 아래에서 보아온 것에 비해 실제 규모가 압도적이었다. 습식 블라스터와 페인트 리무버, 그라인더를 며칠 사용하니 왼쪽 팔뚝에 고질적인 건초막 염증이 재발했고 허리엔 보호대를 두르지 않으면 걷기조차 힘들 지경이었다.

다 벗겨낸 〈스프링〉의 몸뚱어리에는 군데군데 새로운 퍼티를 발라서 갈아내고, 전문 도장 팀이 말끔하게 새옷을 입혀주었다. 페인트는 물론 프라이머(바탕칠)와 코팅까지 올덴버그측이 지정한 제조사의 제품과 색상이 사용되었다. 처음 페인트들이 바다를 건너 도착해 국내 지정 업체에서 조색되었을 때 과연 그것이 이전 색과 정확히 일치할 것인지라 관건이었다. 사실 대량생산한 물감이 아니라면 몇 가지 물감을 섞어만드는 결과는 새로 작업할 때마다 미세하게 달라질 수밖에 없다. 섞는 과정에서 중간

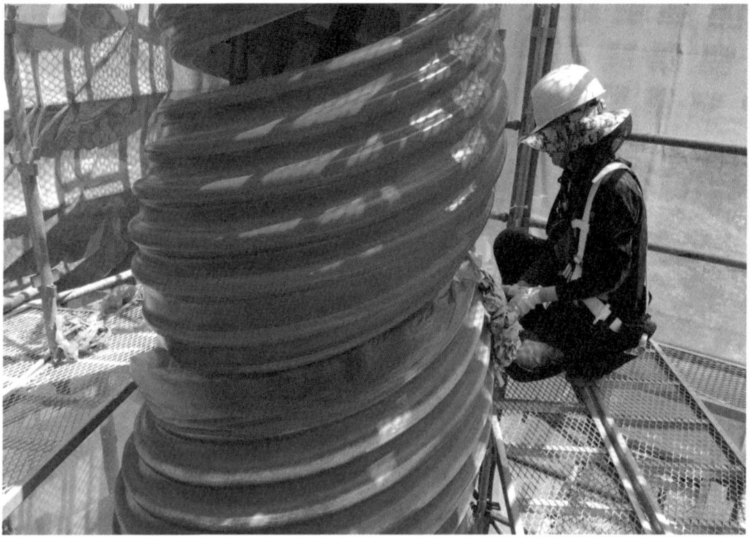

클래스 올덴버그의 〈스프링〉 작업 현장.

중간 테스트용 도장을 칠하고, 말리고 원래 색과 비교하는 과정을 거친다고 할지라도 손바닥만한 테스트 조각에 칠했던 것을 넓은 면에 적용하면 느낌이 완전히 달라지기도 한다.

또다른 문제는 비교 대상으로 삼아야 할 오리지널 색상에 관한 것이었다. 작품은 야외에 10년 이상 서 있는 동안 틀림없이 변색되었을 것이다. 이런 경우 복원은 원작자의 판단이나 승인에 크게 의지하게 된다. 오리지널 색층을 모두 벗겨내고 도색하는 작업이 고전적인 보존복원 개념에서는 일반적이지 않지만, 그것 또한 외형 복원을 통해 조형물의 미적 완성도를 찾아주는 미술품 복원의 개념으로 이해할 수 있다. 즉 복원하는 것은 페인트가 아니라 작가가 처음 의도한 개념인 것이다. 만일 이번 작업을 단순히 오래된 표면을 벗겨내고 다시 칠하는 작업으로만 본다면 도색 업체의 일과 다르지 않을 것이다. 하지만 미술품 보존연구소 주도로 이 일을 진행한 이유는 보존에 대한 개념과 미술작품에 대한 이해와 해석을 기반으로 작업 과정에서 발생하는 여러 가지 선택지 가운데 판단과 결정을 내려야 하기 때문이다.

〈스프링〉은 10여 년 전 올덴버그측에서 보내온 개념도, 설계도, 모형을 기초로 주물을 떠낸 알루미늄 수십 조각을 이어붙여올린 20미터짜리 거대한 조형물이다. 이번 복원 작업을 앞두고 당시 언론 기사들을 다시금 살펴보니 비판 여론이 대부분이었다. 포털 사이트에 연관검색어로 함께 올라온 서울로의 〈슈즈

트리〉에 관한 어떤 기사에서는, 잘못된 공공예술작품과 정책에 관해 비판하며 올덴버그의 〈스프링〉과 서울 테헤란로에 있는 프랭크 스텔라의 〈아마벨〉을 함께 언급하고 있었다. 흥미롭게도 〈스프링〉과 〈아마벨〉 모두 내가 보존작업을 했던 작품이다.

복원가가 작품에 접근하면 작품의 건강 상태와 타고난 체질이 먼저 눈에 들어온다. 이 두 작품을 만났을 때 공통적으로 느낀 점은 건강하게 태어났다는 것이다. 워낙에 거대한 작품들이라 이음새의 어긋남이나 표면의 상처 같은 것들을 어렵지 않게 발견할 수 있으나, 이 작품들을 1~2미터 크기로 축소한다면 보이지도 않을 사소한 문제들이다. 이런 거대한 구조물은 상대적으로 사소한 문제일 수 있는 부분적 결함보다, 일반 관람자의 시선으로 봤을 때 느껴지는 전체적인 조화와 구조의 안정성이 더 중요하다. 이런 점에서 두 작품은 구조와 기법 등이 잘 조화된 조형물이다. 구조나 재료, 기법을 파악하고 나면 다음으로 눈에 들어오는 점은 거대한 형태 속에 작가의 의도가 잘 구현되었는가 여부다. 예를 들어 1미터짜리로 만들 경우 충분했던 지지구조물이, 20미터가 되면 무게를 지탱할 수 없어 어쩔 수 없이 커지거나 설계가 변경될 수 있다. 지지물뿐만 아니라 작품의 중심 형태가 몇십 미터로 확대되면, 애초의 모형보다 두께가 두꺼워진다든지 의도치 않았던 지지체가 더해지기도 해 처음의 의도와는 다른 느낌이 되는데 결과적으로 둔탁해지는 게 보통이다.

미켈란젤로의 다비드상이 아래에서 올려다보는 거대한 인물상인 탓에 상반신이 약간 비대하게 제작되었다는 것은 유명하다. 다비드상을 3D 스캔해 모니터로 보면 알고 있던 다비드상보다 얼굴이나 어깨 위에 올린 손이 비정상적으로 크다는 걸 알게 된다. 이 대가는 5.5미터짜리 대리석 인물상이 아담한 광장 한 편 높다란 대좌에 놓였을 때 이를 바라볼 사람들의 시선과 왜곡을 감안했던 것이다. 거대한 현대 추상 조형물의 경우는 조형적인 문제뿐 아니라 공학적인 구조와 재료, 기법, 도장 재료와 도장법, 코팅제 선택 등 훨씬 많은 점을 이해하고 있어야 한다. 물론 여러 분야의 전문가들이 협동 작업을 하지만 이토록 복잡한 상황에서 시각적인 디자인으로 모든 요소를 녹여내는 예술가의 역할은 오케스트라의 지휘자와도 같다고 할 수 있다.

오케스트라의 비유를 빌려 공공미술작품의 일면을 비평해보자면, 스텔라의 〈아마벨〉이나 올덴버그의 〈스프링〉은 소위 해외 유명 작곡가의 작품을 국내 오케스트라가 작곡가, 혹은 그의 도움을 받은 현지 지휘자, 악장의 지휘로 연주한 공연 같은 것이리라. 높은 비용을 지불하고 해외 유명 오케스트라와 지휘자를 초청했을 때에도 비슷한 비판성 기사들이 실리곤 하는데 논란의 초점은 훌륭한 국내 음악가들도 많은데 왜 굳이 비싼 돈을 주고 그들을 데려왔는가에 대한 것이다. 곡이나 연주가 웬만큼 만족스럽지 않으면 들인 비용이 아까울 뿐이며, 〈아마벨〉에서처럼 차갑고 무거운 선율이 들리기라도 할 때 부정적인 정서는 증폭될 수 있다.

서울로의 〈슈즈트리〉는 국내 작곡가의 국내 오케스트라 공연이었는데 그 선율이 일반인들이 듣기에 아름답지 않고 실험적인 화음이 불협화음으로 들려왔는지 시민의 불만이 많았던 것 같다. 이를 두고 유명한 미학자는 기고문을 통해 아름다운 것만이 예술이 아니며 의식과 경험을 확장해주는 예술의 역할을 간과하지 말자고 했다. 나는 개인적으로 이 의견에 공감한다. 하지만 관객이 스스로 선택하여 체험하는 오케스트라 공연과 달리, 공공미술은 거리에 설치된 거대한 스피커 같은 것이라 듣기 싫으면 귀를 막으라고 하기에도 무리가 있다.

중요한 것은 이런 예술작품들이 촉발한 해프닝, 행위, 반응, 내러티브가 단조롭고 규격화·단일화되어가는 일상에서 사회와 인간, 그리고 공공성 등 여러 문제를 전혀 새로운 관점에서 다시 바라보게 해준다는 점이다. 시민과 예술계를 모두 만족시키는 공공예술, 그것을 고민하는 과정 속에서 어쩌면 우리는 많은 문제에 대해 유연해지는 연습을 해나갈 수 있을 것이다.

# 뒤샹의 작품을 다 복원하지 않은 이유

뒤샹의 1964년 작 〈로즈 셀라비는 왜 재채기하지 않는가?Why Not Sneeze, Rose Sélavy?〉는 레디메이드 개념을 시각화한 대표적인 작품 중 하나다. 대리석 큐브, 온도계, 갑오징어 뼈, 새장 등을 조합하고 나서 서명을 했는데, 여러 개의 에디션이 존재한다.

로즈는 에로스, 성욕, 정욕을 의미하며 셀라비는 "C'est la vie(그것이 인생이다)"를 소리나는 대로 쓴 것으로 '에로스, 그것이 인생이다'라는 성에 대한 뒤샹의 생각을 의미한다고 해석된다. 뒤샹은 새장을 사서 흰색으로 칠하고 석재상에서 흰 대리석 입방체 조각 152개를 주문했다. 대리석 크기는 일반적인 프랑스 레스토랑에서 사용하는 각설탕만하며 이 대리석들과 체온계, 갑오징어 뼈를 새장에 넣었다. 마지막으로 새장 아래쪽에 제목과 작가 서명을 적어넣었다. 이것은 엄밀히 뒤샹의 〈샘〉과 같은 순수한 레디메이드라기보다는 작가의 수작업이 들어간 수정된 레디메이드라고 할 수 있다.

2002년, 뉴욕현대미술관 소장품이었던 이 작품 상태를 조사한 결과 여러 가지 문제점이 드러났다. 1964년 처음 이 작품이 미술관에 들어왔을 당시의 기록에 따르면 작품은 151개의 대리석 입방체, 'Rose Jenatherm N 2243 58 1 DR'이라고 새겨진 온도계, 그리고 오징어 뼈를 담고 있는 흰색 새장으로 구성돼 있었다. 새장 밑바닥 거울상에는 'WHY/ NOT/ SNEEZE/ ROSE/ SÉLAVY? 1921'이라고 적힌 종이테이프가 붙어 있고 새장 뒤에는 'Marcel Duchamp 1964'라는 작가의 서명이 적혀 있었다. 그런데 2002년 상태 조사를 했을 때 새장 채색층이 손상돼 있고, 대리석 입방체 여섯 개가 분실됐으며, 온도계는 유실되고 새장 뒷면 뒤샹의 서명이 거의 사라져 있음을 발견했다. 이런 문제 때문에 뉴욕현대미술관은 이 작품을 전시하기 어려운 상황에 처하게 되었다.

〈로즈 셀라비는 왜 재채기하지 않는가?〉의 조사와 보존복원 처리는 이 소장품의 이력 및 다른 6개 에디션에 대한 조사에서 시작됐다. 우선 레디메이드 범주에서 작품의 의미를 해석해보자면, 뒤샹의 〈샘〉이나 〈자전거 바퀴〉는 전통적인 예술가의 관습적인 기술과 독창성을 제거한 예술이란 의미가 컸던 것과 달리, 이 작품에서 뒤샹은 자신이 칠한 새장과 온도계, 갑오징어 뼈, 152개의 대리석 입방체로 작품을 구성했다. 따라서 〈로즈 셀라비는 왜 재채기하지 않는가?〉는 전통적인 예술가의 기능적 창조자로서의 역할을 보여주고 있다고 할 수 있다. 〈로즈 셀라비는 왜 재채기하지 않는가?〉는 1910년대에서 1920년대 초 뒤샹이 만든 레디메이드의 후반기 작업 중 하나다. 더욱이 이 작품은 그의 〈여행가방Suitcase〉 시리즈처럼 여러 개의 에디션으로 복제됐다. 뒤샹의 예술적 도전은 미술관, 박물관이라는 전통과의 단절을 상징하기도 했는데 한편으로 뒤샹은 많은 에디션을 생산하고 미술관을 위해 사인해주기도 했다. 그런 점에서 이 작품은 뒤샹의 부조리함을 보여주는 기록으로서도 중요하다고 할 수 있다.

작품 조사 과정은 다음과 같이 이루어졌다. 1965년 새장 위의 약간의 페인트 손상, 그리고 1973년 세 개의 대리석 입방체가 없어진 것에 대한 기록이 있다. 그러나 새장 후면 서명의 손상에 대한 기록은 남아 있지 않다. 아마도 전시차 대여하고 운송하는 과정에서 문제가 생긴 것으로 추측할 수 있다.

후면의 서명에 대하여 미분간섭 현미경DIC으로 관찰하고 자외선 조사를 해본 결과, 기록의 잔재가 남아 있어 아마도 새장 청소 과정에서 글씨가 지워졌을 것으로 추정한다. 남아 있는 서명을 FT-IR적외선 분광 분석기, 유기물 분석기을 통해 성분 분석한 결과 시안화물 그룹의 프러시안 블루와 옥살산 성분과 톨루엔·자일렌류의 방향족탄화수소가 확인되었다. 또한 발견된 글리콜, 글리콜

에테르 성분은 펜 끝의 건조를 막아주는 성분인데 이로 미루어 보아 이 서명은 일종의 볼펜으로 쓰였을 것으로 추정되며, 일반적인 볼펜용 잉크는 내광성이 약하므로 전시중 노출된 조명에 의해 색이 바랐을 가능성도 생각할 수 있다.

실제 작품의 복원 처리는 다음과 같이 이루어졌다. 〈로즈 셀라비는 왜 재채기하지 않는가?〉는 기본적으로 1964년 제작된 외관을 기본으로 삼아 처리하기로 했다. 그 당시 이미 손상되었을 상태가 작품의 역사성을 드러낸다고 판단했기 때문이다. 새장의 손상된 도색층은 관객들에게 작품의 시대와 변천사를 가장 잘 보여준다고 할 수 있다. 일반적으로 낡은 외형은 관람객이 유물의 역사성을 느끼게 해준다. 만일 손상된 도색을 복원하게 되면 그건 단순히 사라진 채색층 일부를 칠해준다는 의미일 뿐 아니라 표면 광택 등을 통해 선명한 외관까지 되돌려준다는 의미다. 그렇기에 외관을 통해 작품의 역사성을 느끼게 해주는 가장 기본적인 방법으로서 복원하지 않는 것을 택한 것이다.

유실된 대리석 입방체는 동일한 종류의 대리석을 가공해 사라진 수만큼 보충해주었다. 유실되거나 분실된 과정에 특별한 사건이나 이야기를 담고 있지 않을 뿐더러, 조각 숫자가 몇 개 달라진 것을 관람객은 눈치챌 수도 없으므로 사소하나마 작품이 겪은 변화를 보여주기에도 효과가 거의 없다고 판단되었기 때문이다. 그러나 새롭게 추가된 조각들에는 미세한 마크를 추

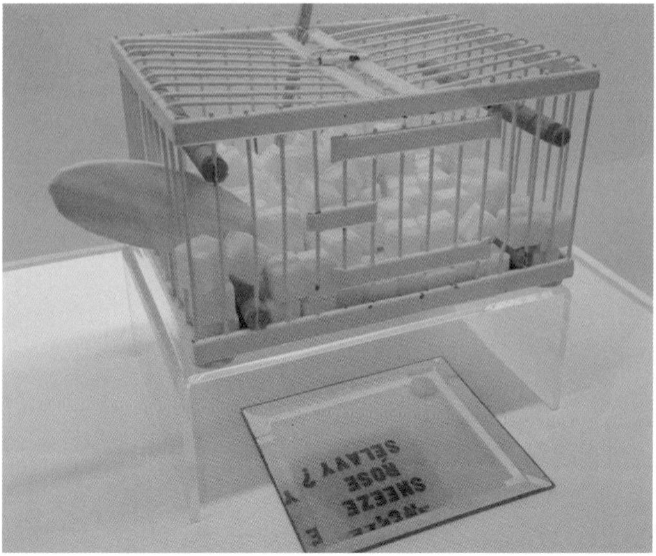

뒤샹, 〈로즈 셀라비는 왜 재채기하지 않는가?〉, 1964.

가해 기존의 것들과 구분할 수 있게 했다.

깨어지고 작동하지 않는 온도계는 이미 오래전에 생산이 중단된 모델이므로 비슷한 사양과 외형을 가진 온도계로 대체되는 방안이 논의되었지만 실행되지는 않았다. 이 작품의 경우 전시중 온도의 변화를 보여주는 것도 작품의 의도에 포함되므로 앞으로 1964년 복제품에 사용된 것과 동일한 온도계를 찾을 경우 온도계가 대체될 가능성도 있다.■

마르셀 뒤샹의 〈로즈 셀라비는 왜 재채기하지 않는가?〉의 보존복원 작업은 매우 자의적이고 불분명해 보일 수도 있다. 각각의 근거와 설명이 기록으로 남아 있으나 어떤 부분은 복원하고 어떤 부분은 그대로 둔 결정에 대해 다른 의견이 충분히 있을 수 있으며 무엇이 옳은지도 판단하기 힘들다. 이 보존복원 작업은 마치 뒤샹의 작품처럼 모호하고 해석이 열려 있는 것으로 보인다.

현대미술에서는 작품의 물성이 드러내는 미적, 정서적 체험보다는 작가의 제작 의도나 개념이 중시되는 경우가 많다. 그래서 현대미술작품을 보존복원할 때는 작가의 의도와 예술개념을 드러내는 수단으로서 작품이라는 물질을 다루어야만 한다. 다양한 판단의 가능성을 열어두고 당장 판단이 힘들 경우, 최소한의 조치만 취해 손상된 외형을 유보해두어야 할 때가 있다.

■ Griffith, Roger & Moomaw, Kate, 'Readymade–made ready: the treatment of Marcel Duchamp's Why Not Sneeze Rose Sélavy?', *Modern art, new museums: contributions to the Bilbao Congress*, 13–17 September 2004, 2004, pp. 54–58.

# 아버지를 이해하기 위하여

나의 유년기는 이젤 앞에서 그림을 그리시던 아버지, 유화와 테레빈유 냄새, 책장마다 가득 꽂혀 있던 명화집으로 기억된다. 복원가가 되기 전 예술학과 미술사를 공부하게 된 것도 이러한 익숙함에서 비롯된 것 같다. 고교 시절에는 아버지처럼 화가가 되고 싶었으나 타고난 성격이 내가 만든 무언가를 남들에게 보여주는 것이 불편한데다, 창작을 하고도 극심한 자기검열을 하는 탓에 조금이라도 남의 것이 연상되면 용납하지 못했다. 이러한 성격이 끊임없는 신중함으로 드러나 복원을 할 때는 여러모로 도움이 되고 있다.

미술작품은 내가 좋아하고 늘 익숙한 것이라 자연스레 미술이론을 전공하게 되었다. 일면으로는 아버지의 그림을 좀더 깊이 이해하고 남들에게도 잘 설명하고픈 개인적인 동기도 있었다. 그러나 미술 이론과 비평론을 배우면 배울수록 아버지의 그림은 점점 더 설명하기 힘들어졌다.

전시 서문이나 잡지에 실린 아버지의 작품에 관한 평론은 모두 정서적인 기술이 주를 이루고 있었다. 화가의 개인사로 인해 가족의 사랑을 갈구하는 심리가 화폭에 반영되었다거나 황토색이 품은 흙의 향기, 한국의 전통적인 시골 풍경을 묘사한 서술 등이었다. 미술 이론과 비평 공부를 막 시작한 풋내기였던 나는 그런 서술을 뛰어넘는 글을 쓰고 싶었지만 여간해서는 스스로 만족할 만큼의 뼈대를 구상할 수가 없었다. 다시 말해 '화가 김수익의 작품은 한국적 정서가 물씬 묻어나는 따뜻한 그림이다'라는 설명 이외에는 예술사회사적으로나 심리학적으로, 혹은 양식사적 흐름을 언급하거나 잘나가는 프랑스 언어학자들을 끌어다가 연결하는 식으로 서술할 단서가 도통 보이질 않았다. 이런 딜레마 속에서 아버지의 그림이 아닌 미국 추상표현주의의 단면을 해설하는 논문으로 석사 과정을 마쳤고 우연한 기회에 보존복원이란 분야로 큰 전환을 하게 되었다. 그렇게 긴 시간 보존복원가로 활동하다 오랜만에 다시 만난 아버지의 작품은 이전에 알 수 없었던 엄청난 도전 과제로 다가오는 '별작'이었다.

입체작품이나 평면작품 모두 복원 과정에서 흔히 거치게 되는 과정이 색맞춤이다. 표면의 색층이 손실되었을 때 색층의 두

께와 마티에르(표면 무늬)를 먼저 만들어주고 그 위에 사라진 색을 만들어주는 것이다. 이 과정을 통해 소위 '감쪽같이' 복원되는 경우가 많다. 오랜 기간 꽤 많은 색맞춤을 해왔다고 자부하는데 김수익의 색은 재현하기가 거의 불가능했다.

색맞춤이 까다로운 이유는 하나다. 작가가 많은 색을 섞어 만든 자신만의 오리지널 색이기 때문이다. 김수익은 한 가지 색을 사용하기 위해 적어도 다섯 가지 이상의 색을 섞어 그 색을 만들어낸다. 작품이 가진 고유한 색들은 사실 전시장 조명의 색온도나 광원에 따라 다 다르게 보인다. 눈으로 인지하는 색이라는 것은 결국 광원에 반응하고 반사된 표면의 물리화학적 특성에 따라 결정되게 때문에 색맞춤 작업을 할 때는 색온도 5500켈빈K 정도의 광원 아래에서 작업을 하면서도 조명을 바꾸어가며 계속 수정해나가야 한다. 스튜디오에서 복원된 작품이 다른 장소의 할로겐 조명 아래에서 다르게 보여서는 안 되기 때문이다. 하지만 그렇다 해도 일반인이 보면 광원에 따라 별반 큰 차이를 느낄 수 없다. 그 색감을 내기 위해 몇 가지 색을 섞어 만들어내는 것이 일면 작가 자신의 편집증적인 자기만족을 위한 행위로 읽힐 수도 있다. 물론 아주 예민한 관람자에게는 그 차이가 보일 것이고 특히 그 색을 재현해야 하는 복원가에게 그 느낌은 아주 다르지만 말이다.

물감은 일반적으로 여러 가지 색을 섞을수록 명도, 채도가 떨

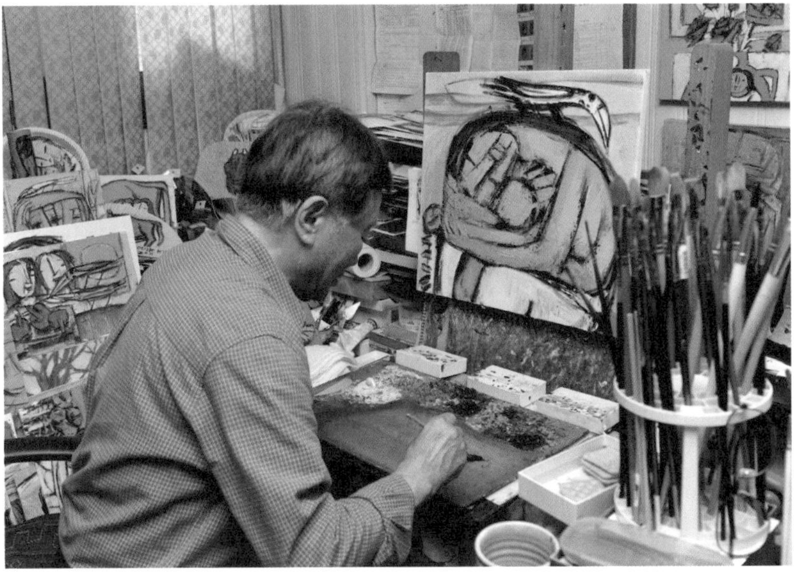

작업중인 화가 김수익의 모습.

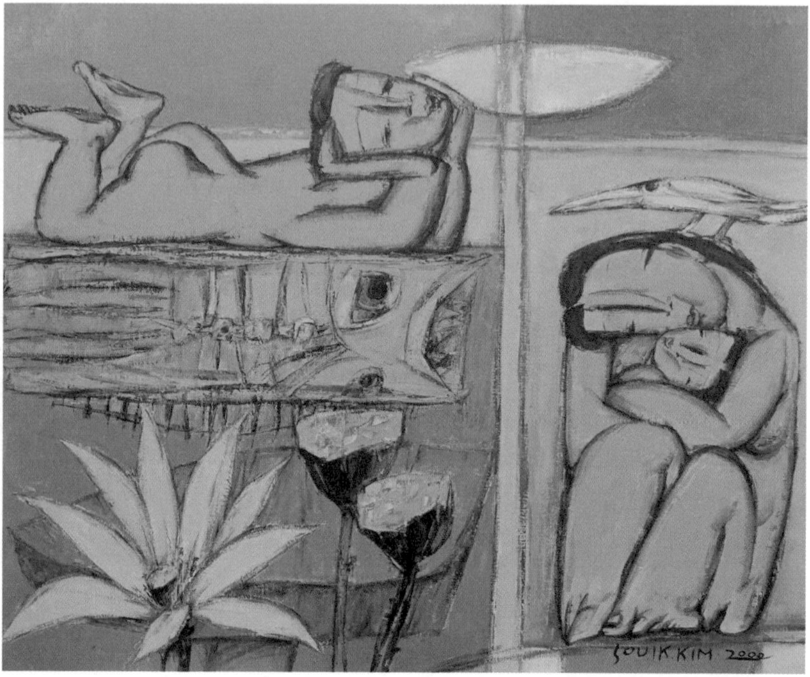


김수익, 〈가족-마을〉, 2001.

김수익, 〈가족-사랑 이야기〉, 2000.

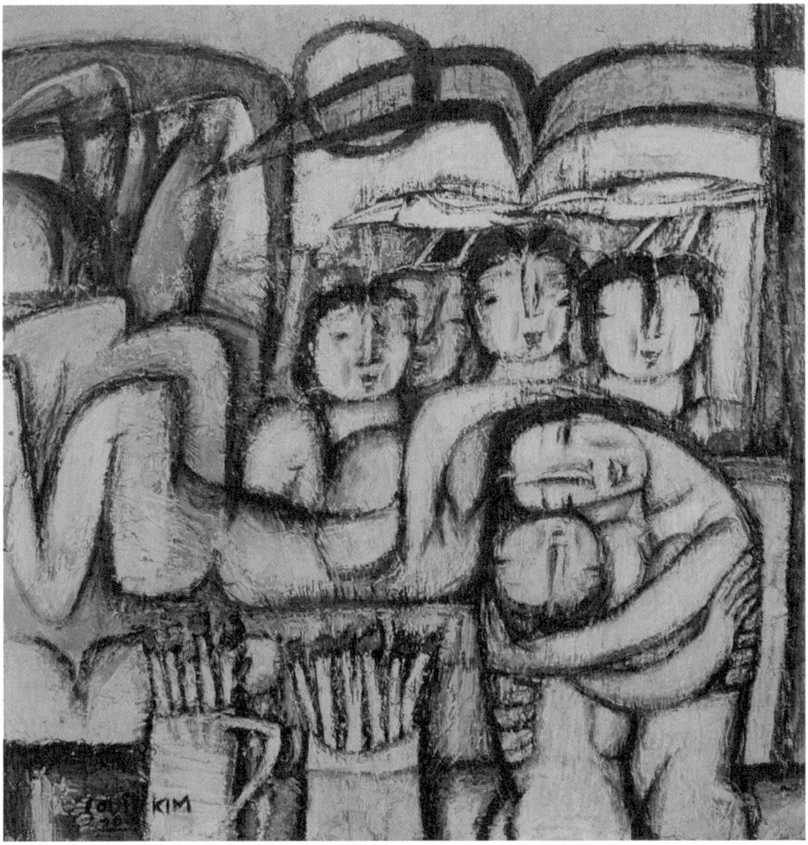


김수익, 〈가족-사랑 이야기〉, 2000.

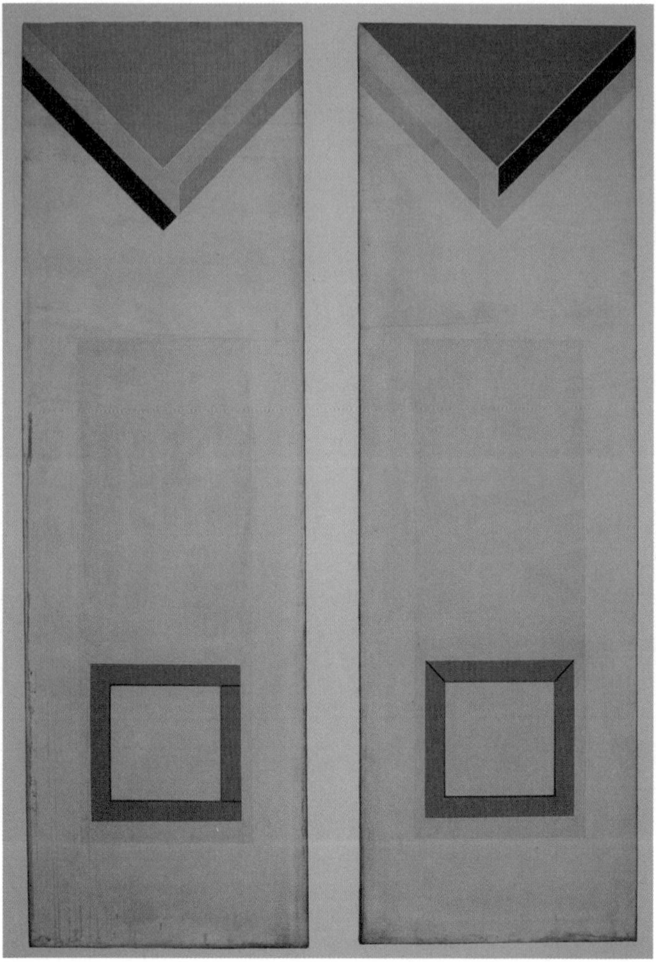

김수익, 〈추상 1967〉, 1967, 국립현대미술관 소장.

어지며 칙칙해지기 마련이다. 그런데 김수익의 색면은 얼핏 밝고 명쾌하며 작가의 극심한 예민함 같은 것이 전해지지 않는다. 김수익의 작품들은 캔버스가 이젤 위에 놓인 후 한 번의 작업으로 끝나지 않는다. 적어도 한 달에 걸쳐 서너 번 색면을 쌓아올린 결과물이기에 눈을 화면 가까이 가져가보면 두툼한 물감층과 형상의 외곽선 아래에 흐르고 있는 여러 마티에르의 흐름을 볼 수 있다. 그런데 이 물감층도 색상과 마찬가지로 가벼운 마음으로 들여다보면 그 형성 과정이나 복잡성이 잘 보이지 않는다.

평면작품에서 표면의 두께감이나 마티에르의 흐름은 모두 작은 전극이 되어 관람자의 감각을 자극하게 된다. 게오르크 바젤리츠나 안젤름 키퍼 같은 신표현주의 작품은 두꺼운 물감층의 무게감이 그 자체로 이야기가 되어 관람자의 마음속에 묵직하게 파고든다. 박수근의 물감층과 표면 질감 역시 굳은살이 되어버린 부모님의 깊은 주름살처럼 질곡의 세월을 들려준다. 반면 김수익의 작품은 질감이 들려주는 이야기를 대부분 깊숙이 넣어두고는 평온하고 밝은 가족과 인물들의 모습을 차분히 보여준다. 이는 마치 거대한 오케스트라가 아주 작은 소리를 내고 있는 형상과 같다. 어찌 보면 벽화에 어울릴 것 같이 디자인된 삽화 같은 인상을 주기도 하지만 그림을 마주하고 찬찬히 귀를 기울이면 독주곡이나 실내악 정도가 아니라 대편성 오케스트라가 눈앞에 보이기 시작한다. 안 들리던 목관악기나 비올라의 선율이 서서히 눈에 들어온다.

김수익은 1960년대 〈한국청년작가전〉을 비롯한 앵포르멜 운동(프랑스 추상표현주의에 영향을 받은 추상화 운동)의 일원이었다. 물감이라는 물질이 붓의 움직임을 통해 표현되는 물성의 실험에 심취했던 시기를 거쳐 그는 인간의 형상에 눈을 돌리게 되었고 가족의 모습을 통해 정과 사랑이라는 정서의 기록을 작업하게 되었다. 화풍의 변화나 실험의 궤적은 현재의 그림 속에도 고스란히 남아 있는데 가족, 어머니, 시골집, 황소, 나무가 들려주는 이야기가 철저하게 계산된 화면 구성을 바탕으로 그려져 있다. 눈을 작게 뜨고 형태의 두꺼운 외곽선을 따라 색면만을 분리해 바라보면 균형을 이룬 색면 구성을 볼 수 있다. 조금 과장되게 표현한다면 김수익의 몇몇 작품들은 뒤집어 걸어놓아도 시각적 불편함을 곧바로 느끼지 않을 수 있다는 것이다. 구성composition을 통한 화면의 균형과 완결성에 대한 감각, 그리고 이를 향한 고집은 화가가 앵포르멜 시기부터 쌓아온 것이다.

몇 개의 층이 쌓아올려진 마티에르와 여러 색이 섞인 색면이 만들어낸 가족과 인간의 모습은, 초상화 속 평온히 앉아 있는 인물 안에 숨겨진 수많은 개인사처럼 여러 겹의 다채로운 이야기를 들려준다. 간단히 정의될 수 없는 사랑과 정이라는 감정을, 화가는 그림 표면층 내부에 꼭꼭 숨겨두고 들려준다. 어쩌면 화가 김수익에게 가족과 어머니는 겹겹이 쌓인 삶의 무게와 고통을 살포시 덮어주고 지친 마음을 쉬게 하는 존재가 아닐까?

# 이성자 화백의
# 바라보게 하는 힘

이성자 화백의 작품을 처음 확대경을 통해 가까이 접한 것은 2013년 이성자기념사업회 갤러리에서였다. 기념사업회의 의뢰로 상태 조사를 하며 화백이 남긴 수천, 수만 개의 붓자국 하나하나를 들여다보게 되었다. 이성자 화백의 60년대 전후 화풍이자 대표적 양식인 추상 이미지는 수많은 단세포 생명체가 생명의 바다를 자유롭게 유영하는 듯한 이미지에 원색에 가까운 색채가 입혀져 살아 숨쉬는 맥박처럼 생동감을 주고 있다.

멀리서 보면 터질 듯한 강렬한 야성과 함께 방향성을 가진 두터운 막의 질서가 영원히 화폭 안에서 살아가도록 구속하고 있는 형상은 마치 생명이 배양되는 원시 바다를 떠올리게 한다. 그러나 한 걸음 가까이 다가서면 결국 그 거대한 생명체를 움직

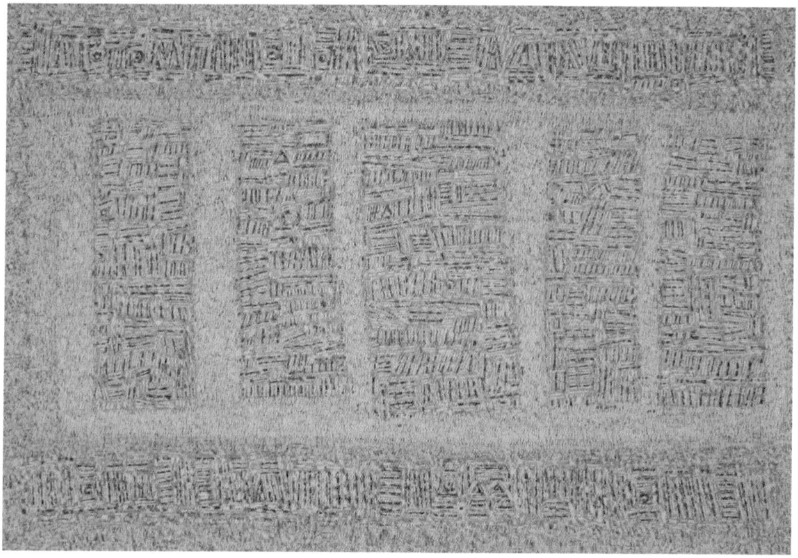

이성자, 〈무제〉 1962.

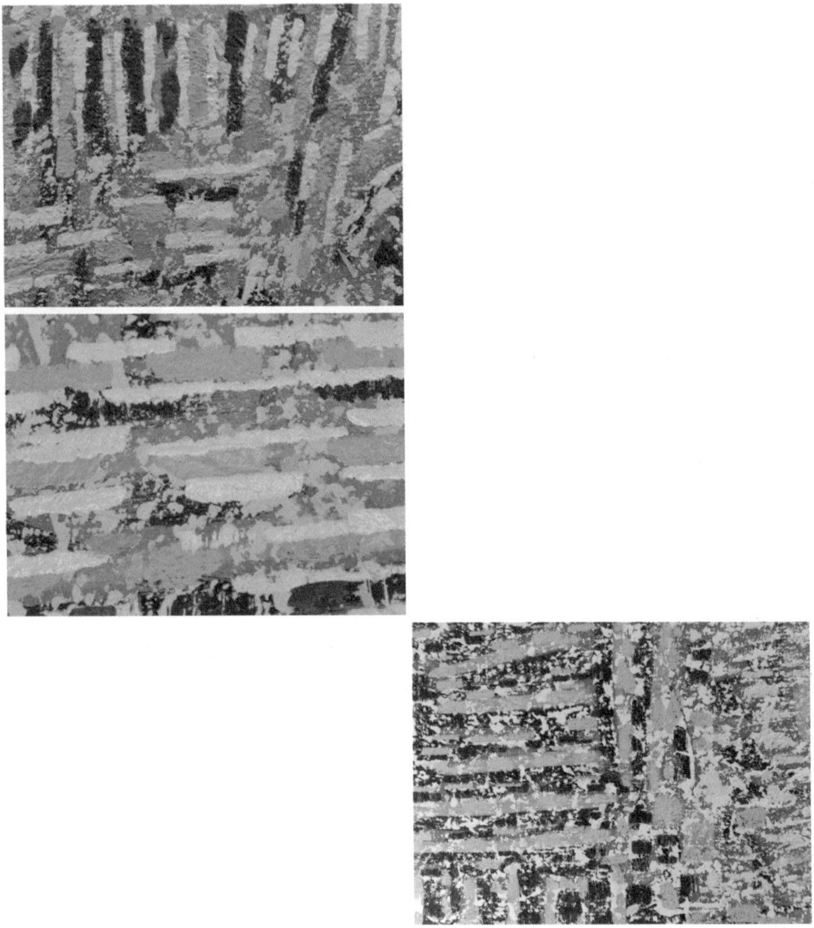

물감의 자취가 모두 다른 〈무제〉 작품의 세부.

이는 것은 살아 있는 작은 세포임을 직감하게 된다. 잭슨 폴록이 드리핑dripping 기법을 통해 우연 속에 창조된 우주와 생명을 보여주려 했다면 이성자 화백이 창조한 우주는 무심해 보이나 철저히 계산된 창조의 과정을 보여준다. 생명을 잉태하고 출산해 정성으로 길러내는 대지와 같은 태도는 화가이자 어머니였던 화백의 이미지와도 부합한다.

보존복원가로서 누릴 수 있는 특권은 창조자의 섬세한 손길에 누구보다 가까이 다가갈 기회가 주어진다는 점이다. 확대경을 쓰고 조명의 각도를 바꿔갈 때마다 드러나는 생명체 단위들은 바로 이성자 화백의 한 동작이 만들어낸, 희미하게 도드라진 물감층들이다. 한 번의 붓질이 남긴 하나의 세포는 그림 전체에서 느껴지는 힘과는 달리 무척이나 수줍고 수동적이라는 것을 알 수 있다. 화가는 한 번의 붓질stroke로 힘과 생명력을 드러내는데, 그 형태는 방향성과 운동성을 드러낸다. 화가의 붓이 시작되는 지점과 끝나는 지점을 알려주는 명암의 차이나, 굵기의 차이 등이 만들어내는 구조의 형식으로 우리는 그 방향성과 운동성을 느낀다. 그러나 이성자 화백의 붓자국에서는 그러한 요소를 찾기 힘들다. 약간 기다란 물감의 자취는 얇고 투명하며 미세한 떨림을 담고 있다. 심증적으로 위에서 아래로 그어내렸음을 예상할 수 있지만 그렇다고 아래에서 위로 찍지 않았다고 장담할 수도 없을 만큼 화백의 붓자국은 섬세하게 조절되어 있다.

즉, 이 작은 한 점은 찍는 순간부터 붓을 들어올려 마치는 순간까지 거의 동일한 호흡을 가지고 있다는 것이다. 어찌 보면 바느질의 한 땀 한 땀 같기도 하다. 하지만 확대경으로 보면 눈 안에 들어오는 그 한 땀 한 땀이 모두 다른 떨림을 기록하고 있어 작가의 붓이 느리게 지나간 기록임을 알게 된다.

순간 소름이 돋는다. 작가는 유화에 미디엄(테레빈유나 석유의 일종인 화이트스피릿 같은 기름)을 충분히 더해 얇고 투명한 물감층을 만들어냈다. 힘이 부족한 작은 물감의 자취가 거대한 화면 전체에 소용돌이치는 생명력을 만들어낼 수 있었던 것은 아마 그 붓자국들이 수없이 쌓아올려져 구축되었기 때문일 것이다. 이성자 화백은 무엇을 찍고 있었을까? 무엇을 만들어내고 있었을까? 어쩌면 원시 생명의 바다에서 다세포 생명체로의 진화 과정을 고집스럽고 소름끼치게 재현하고 있었던 게 아닐까?

예술작품을 마주했을 때 우선은 시각적 자극에 이끌려 바라보게 되고 이미지에서 촉발되는 여러 가지 상념이 떠오르다가 잠들듯 깊은 심연으로 침잠하는 경험을 할 때가 있다. 이 순간 우리 의식은 작품과 일체가 되며 깊은 감동을 받는다. 우리로 하여금 끊임없이 바라보게 하는 힘을 가진 소위 명화, 명작들은 끊임없이 새로운 자극을 주고 질문을 던지고 있다는 데에 그 공통점이 있다. 작품이 던지는 수수께끼 같은 질문들이 너무 단순하거나 유치해도, 혹은 너무 어려워도 오랫동안 바라보기가 힘들다. 무심히 바라보는 체험, 그 즐거움이 예술을 이론으로 공부하는 동안 내가 잃어버릴까 두려워했던 것이다. 현대예술이론들은 작품으로부터 차갑게 한 걸음 물러서서 박물학, 심리학, 언어 이론의 틀을 빌려 작품을 설명하도록 체계를 갖추어왔다. 현대 예술가들 역시 이미지 이전에 언어로 구축된 개념을 먼저 제작하기도 한다. 물론 이러한 예술개념이 지금 후기 산업사회의 정신을 대변하는 것이겠지만, 한편으로는 그런 틀에 시공을 초월한 명작의 모든 것을 담아내기는 역부족인 것이 사실이다.

설명되지 못한다고 해서, 많은 수사와 이론으로 치환되지 못한다고 해서 무심히 작품을 바라보는 시간의 의미가 퇴색될 수는 없다. 이성자 화백의 '바라보게 하는 힘'은 어떤 추상 이론이나 양식사적 분류, 페미니즘 이론으로 포장될 수 있는 것이 아니다. 일체의 언어를 침묵하게 하는 대자연의 숭고는 그 거대함을 빚은 영겁의 시간성에서 비롯되듯, 예술작품이 의식을 침잠케 하는 까닭은 작가가 창작 과정 속에 응축시켜놓은 고뇌의 시간에 있다. 수많은 붓자국이 소용돌이치거나 제자리를 부유하며 만들어낸 생명의 바다는 진화의 시간만큼이나 더디고 긴 시간을 담아내고 있다. 결코 빠르지 않게 그어진 붓자국의 여린 떨림은 화백이 작가, 여성, 어머니로서 살아간 시간을 '공감'의 떨림으로 전해주기에 관객은 이성자 화백의 작품을 응시하게 된다. 그리고 그 수천, 수만 개의 떨림이 조응해 생겨난 질서가 만든 거대한 바닷속 생명은 바로 우리 자신을 닮아 있다. 바로 거기에서 그의 작품을 끊임없이 바라보게 하는 힘이 나온다.

이성자 화백의 유화작품은 대체로 면천 위에 그려져 있다. 면천은 얇고 올이 가늘어 미세한 붓의 움직임을 방해하지 않았을 것이다. 그러한 까닭에 작품들은 캔버스와 물감층이 모두 매우 얇고 연약하다. 그래서 작품을 이동시키거나 화면이 늘어졌을 때 나무틀stretcher을 교체하거나 다시 묶는 과정에서 캔버스가 말리거나 당겨 많은 균열이 발생했다. 물감층이 두껍거나 캔버스와의 결합 상태가 좋지 않았다면 균열 후에 물감이 떨어져나오는 현상을 걱정하게 되지만 이성자 화백 작품의 균열 부위는 상당히 단단하게 캔버스를 물고 있어 걱정할 문제는 아니라고 판단했다. 보존이나 복원은 작품이 제작된 당시의 젊음을 되돌려주는 행위가 아니라 정성스럽게 잘 관리된 세월의 흔적을 함께 가져가는 행위라고 보아야 할 것이다. 그런 의미에서 이성자 화백의 작품들은 대부분 장년의 건강함을 유지하고 있다. 실제로 화백의 막내아들께서 어머니의 작품을 정성스럽게 돌보고 있다. 어머니가 남긴 기억과 체취를 담고 있는 몸으로서의 작품이 건강하게 살아가는 모습은 또다른 시간에 관한 이야기가 될 것이다.

# 잘못된 복원?

유물이나 오래된 작품을 앞에 두고 누군가 작업을 하고 있다면 당연히 복원가라고 생각할 것이다. 복원이란 기본적으로 처음 제작된 당시의 것들을 유지하고 되살리는 활동이다. 그가 유지하고 되살리려는 것은 재료이거나 이미지 혹은 그것에 담긴 의미나 기억일 수도 있다. 전소되었던 숭례문에서 다시 사용할 수 있는 목재 구조물은 남아 있지 않았다. 그래서 숭례문을 재건하면서 석재를 제외하고는 대부분 새로운 재료를 사용했다. 하지만 재건립된 숭례문은 사료를 바탕으로 유물이 가진 의미와 기억을 충실히 살려내려는 의지와 노력의 산물이기에 재건된 동시에 복원되었다고도 할 수 있을 것이다.

그런데 이러한 시도와 작업은 보존복원에 대한 개념이 정립

되었을 뿐 아니라 그것을 실현할 수 있도록 과거의 재질을 과학적으로 분석하고 사료 등을 합리적으로 다루고 해석할 수 있는 기술이 발달한 이후에 시작된 것이다. 19세기 이전 유물에 대한 기록을 보면, 거리낌없이 유물을 다시 만들거나 유물에 덧칠하기도 했다는 것을 알 수 있다. 미켈란젤로의 시스틴 성당 천정화가 불경스럽다며 벗은 남녀의 주요 부위를 나뭇잎 등으로 덧칠했다는 이야기는 유명하다. 최근 이런 나뭇잎을 포함한 덧칠, 그을음 등을 모두 제거하는 복원이 진행되었는데 그 과정에서 미켈란젤로의 작업 일부까지 지워버렸다는 비판이 몇몇 전문가들에 의해 제기됐다.

클리닝을 통해 작품이 손상되거나 달라졌다는 비판을 받은 또다른 유명한 예는 이탈리아 르네상스 화가 파올로 우첼로가 그린 〈산 로마노 전투Battle of San Romano〉다. 미술사를 공부할 때 이탈리아 르네상스 회화의 특징인 원근법을 보여주는 대표적인 그림 중 하나로 소개되는 그림이다. 〈산 로마노 전투〉는 크게 두 개의 에디션이 있는데 문제가 되는 것은 런던 내셔널 갤러리의 소장품이다. 너무 심하게 클리닝되어 색이 바래 보이고, 특히 이탈리아 우피치 미술관이 소장한 에디션과 비교해 보면 말의 세부 명암이 사라져 평평해 보임을 알 수 있다.

또하나의 유명한 사례는 레오나르도 다빈치의 〈최후의 만찬〉이다. 천재들이 그렇듯 다빈치 또한 새로운 시도를 좋아했다. 건조된 프레스코 위에 유화를 올렸는데 당시로서는 쓰지 않던 기법이었다. 그 결과, 그림이 완성되고 20년 후 표면 색층이 들떠 있음이 처음 기록되었고 1572년에는 그림의 절반 이상이 손상되었다는 기록이 남아 있다. 1722년 기록에서는 표면의 많은 부분이 사라져 하얀 석회벽이 드러나 있었다고 하는데 1726년 벨로티Bellotti라는 화가가 대대적인 복구에 착수했다. 많은 미술 이론가들은 당시 벨로티의 작업은 복원이 아니라 대부분 새로 그린 것임을 알고 있다.

벨로티의 작업을 포함한 총 여덟 번의 복구 공사 중 제일 유명한 것이 가장 최근의 작업이다. 피닌 브람빌라 바르실론Pinin Brambilla Barcilon이라는 이탈리아의 세계적인 복원가가 주도한 이 복원은 20년에 걸친 작업 끝에 2000년에 마무리됐다. 그 결과 비로소 레오나르도 다빈치의 오리지널 〈최후의 만찬〉을 보게 되었다고 모두 기뻐했다. 하지만 이미 대부분이, 아니 어쩌면 〈최후의 만찬〉 자체가 벨로티가 다시 그린 것이니 우리가 이 사실을 모른 척하지 않으면 달리 다빈치의 걸작을 감상할 수 없을 것이다.

최근에도 벨로티의 손길 정도는 점잖게 볼 만큼 전 세계적으로 화제가 된 사례들이 있다. 중국 차오양 옌지 사원에는 270년 된 청나라 프레스코 기법의 벽화가 있는데 복원이라는 명목으로 진행된 사업 이후 벽화가 크게 바뀐 것이 2013년 중국의 한

블로거에 의해 알려졌다. 그는 웹에 이미지와 함께 '무식한', '정신 나간 사람들'이라고 표현한 글을 올렸고, 그것이 화제가 되기 시작했다. 관련 보도가 잇따르고 비난 여론이 일자 주지승은 이런 사업을 허가한 적이 없다고 해명했으나, 복원 업체라는 곳을 통해 '복원 사업'이 진행된 것은 사실인 듯하다. 그들은 작업을 통해 퇴색된 원작 위에 이전과는 너무도 다른 느낌의, 만화 같은 도교 속 이미지들을 그려놓았다. 이런 황당무계한 사업에 소요된 비용은 자그마치 약 4백만 위안, 우리 돈으로 7억 원 이상이라고 한다.

하이난시 유물관리국의 리장양이라는 고고학자는 논평을 통해 "새로운 프로젝트를 단지 복원이라고 부른 것뿐이다"라며 벽화에 가한 일은 결코 복원이 아님을 주장했다. 그는 중국 대부분의 유물이 잘못 복원되고 있거나 당국이 유물에 너무 심하게 손을 대고 있다면서 "대부분의 중국인이 오래되고 낡은 유물을 즐길 줄 모르고 번듯한 새것이나 높고 거대한 것만을 좋아한다"며 중국인의 문화의식 자체가 문제라고 평가했다.

이 소동은 옌지 사원의 관리 팀장과 차오양시 문화재 담당관 두 사람이 면직된 것으로 마무리되었으나 안타깝게도 이 벽화는 다시 예전 모습을 찾을 수 없다.■ 기존 벽화 위에 정확히 어

■ Ruth Osborne, 'Qing Fresco "Restoration" Yields Disastrous Results' October 23, 2013, http://artwatchinternational.org/articles/qing-fresco-restoration

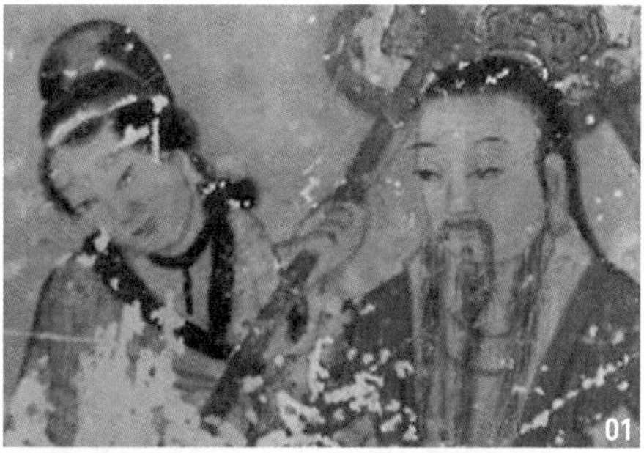

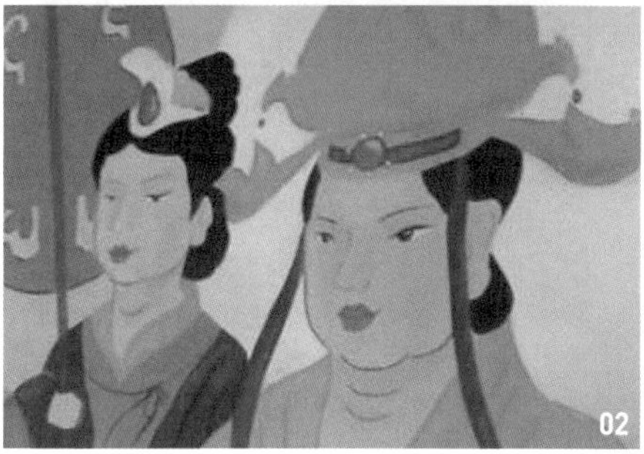

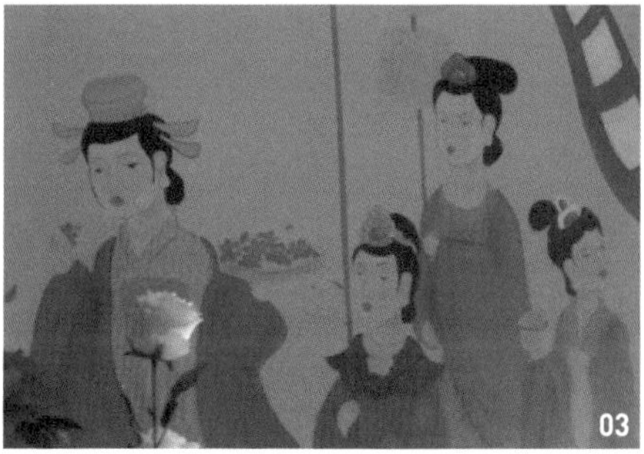

**01** 옌지 사원 벽화의 원래 모습. 손상이 심한 상태다.
**02, 03** 복원 후 모습. 전혀 다른 모습으로 새로 그렸음을 알 수 있다.

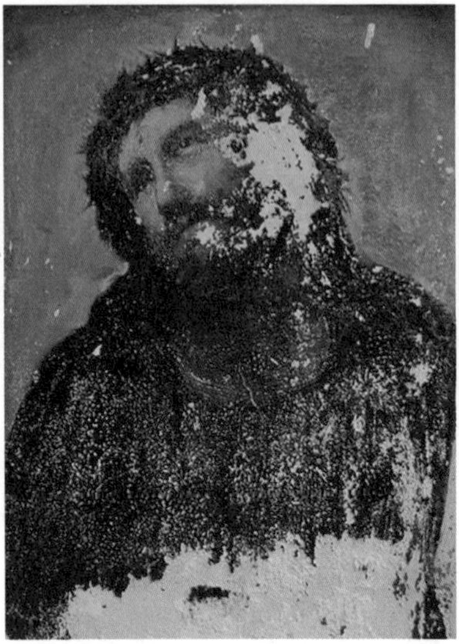

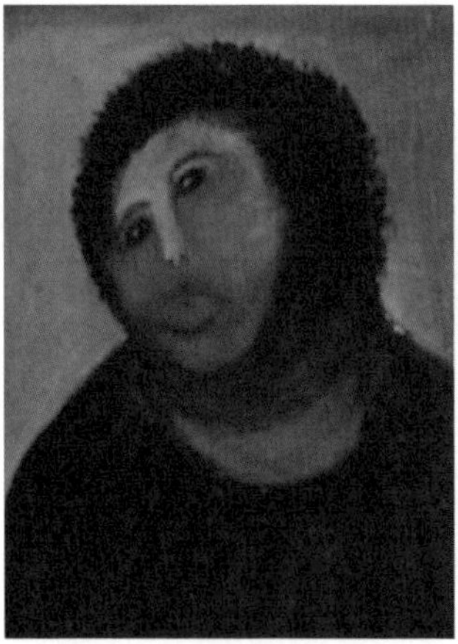

보르하 사원에 있던 프레스코화 〈이 사람을 보라〉의
원래 모습과 작업 후의 모습.

떠한 방법으로 새로 그렸는지, 혹은 지금 상태가 어떠한지에 대한 자세한 정보는 찾을 수 없으나 짐작하건대 새로 벽화를 그리기 위해 이전 유물의 물감층을 대부분 제거했거나 예전 물감층이 남아 있더라도 새로 그린 물감층을 원래 유물의 물감층으로부터 분리해내는 일은 거의 불가능한 상태일 것이다.

그러나 이보다 더 유명한 사건은 2012년 스페인 보르하Borja 지역 사원에 있던 19세기 프레스코화 복원이다. 〈이 사람을 보라Ecce Homo〉라는 작품은 엘리아스 가르시아 마르티네즈Elias Garcia Martinez라는 화가가 그리스도 얼굴을 그린 작품으로, 유명하지는 않지만 이 지역 사람들의 사랑을 받고 있었다고 한다. 그런데 세월이 지나면서 표면층이 들뜨고 떨어지고 갈라지는 등 일반적으로 프레스코화에서 진행되는 손상이 심해졌다. 그러자 세실리아 기메네즈Cecilia Gimenez라는 80대 노부인이 스스로 복원을 하겠다고 작업에 들어갔다. 떨어져 없어진 부분을 새로 그려넣는 것으로 시작된 그녀의 작업은 점점 걷잡을 수 없는 방향으로 흘러갔고 작업이 끝났을 때 그곳에 우리가 알고 있던 그리스도의 모습은 더이상 남아 있지 않았다. 괴기스럽다 못해 유머러스한 모습으로 탈바꿈한 그림은 '원숭이 예수'라는 제목으로 빠르게 인터넷으로 퍼져나가 세계적으로 방송까지 타게 되었다. 나 또한 처음 이 이미지를 접했을 때 배를 잡고 한참을 웃었던 사실을 고백하지 않을 수 없다.

처음에는 자격 없는 사람이 복원이란 미명하에 유물을 파괴한 사건으로 보도되었으나 이후 달라진 그림은 이 작은 마을에 큰 변화를 가져왔다. 이 유명한 그림을 보기 위해 수많은 관광객의 발길이 이어진 것이다. 결국 보르하 지방자치단체는 2016년 벽화 관련 센터까지 건립했다. 몰려드는 관광객과 상품 개발 등으로 작은 마을의 경제가 살아나자 자칫 범죄자 신분이 될 뻔했던 할머니는 일약 유명 인사가 되었다. 그리스도가 스스로 몸을 던져 일으킨 기적일까? 결과적으로 이 사건은 전 세계 사람들에게 잘못된 복원이 무엇인지에 대해 깊이 생각해볼 수 있는 계기를 마련해주었다.

유물은 오직 사람의 손길을 통해서만 생명을 연장하며 살아갈 수 있다. 그 과정에서 유물은 거의 눈에 띄지 않는 변화부터 사고라고 불릴 만큼 큰 변화까지 여러 가지 변화를 겪게 되기도 한다. 유물은 그렇게 자신이 살아낸 시간을 몸에 새겨가고 있다. 유물이 품은 수백 년의 세월 앞에서 지금의 우리가 주장하는 여러 기준들은 과연 어떤 의미가 있을까?

# '작가의 의도'를 복원한다는 것

현대미술작품을 복원할 때 '작가의 의도artist's intention'는 가장 중요한 판단과 해석의 기준이다. 이때 작가의 의도란 작가가 작품 활동을 통해 드러내고 싶은 의미나 개념이며 작가노트나 인터뷰가 아닌 작품이라는 물리적 형태를 통해 드러나는 것이다. 형태를 통해 드러난 의미는 작가의 처음 의도와는 달리 감상자들에 의해 전혀 다르게 해석될 수도 있고 작가 자신이 열린 해석을 의도했을 수도 있다. 그러므로 복원 작업에서 고려해야 할 기준은 결국 '작가가 처음 만든 형태에 가깝게 하는 것'이다. 이 개념이 성립할 수 있는 이유는, 19세기 이후 과학적 분석 방법이 발전해 이제는 작품이 변색되었거나 의도적으로 변형됐더라도 기술적으로 작가가 처음 사용한 재료나 제작한 형태를 찾아내는 일이 가능해졌기 때문이다. 그렇다면 이해하기 쉽게 '처음 만들어진 형태로 복원한다'거나 파손된 작품의 원작 기록을 찾기 힘든 경우 '원래의 모습을 추정하고 고증하여 복원한다'고 하는 편이 나을 텐데, 왜 굳이 '작가의 의도'라는 모호한 개념을 내세우는 걸까?

예전에 올덴버그의 〈건축가의 손수건Architect's Handkerchief〉이라는 작품 복원을 진행한 적이 있다. 손수건을 형상화한 부분의 오염이 심하고 부분적으로 도색층이 떨어져 있어 재도색이 필요한 상황이란 점이 문제였다. 〈건축가의 손수건〉은 야외에 설치된 거대한 작품으로, 클리닝 테스트를 통해 드러난 흰 손수건의 색이 실제로는 옅은 상아색을 띠고 있었다. 흰색 도장이 야외에서 자외선, 열 등의 영향을 받아 황변이 진행되고 있었던 것이다. 작가 스튜디오에서는 작품에 사용된 도색이 단순히 흰색 우레탄 도색이라는 정보만을 주었는데, 복원에서 정말 티타늄 화이트의 흰색을 사용할 것인지 혹은 최근까지 사람들의 인상에 남아 있는 따뜻한 아이보리 톤을 첨가할지를 결정해야만 했다. 미묘한 차이지만 최종 색상을 결정하기 위해 이 작품의 제작 의도를 조사하기 시작했다.

그 결과, 이 작품은 프랑스의 르코르뷔지에와 더불어 근대 건축의 개척자라 불리는 독일 건축가 미스 반데어로에Ludwig Mies van der Rohe에 대한 애도를 담은 작품이라는 걸 알게 됐다. 미스 반데어로에는 생전에 항상 깨끗한 흰색 손수건을 재킷 윗주머니에 꽂고 다녔는데 올덴버그가 그 기억을 형상화한 것이다. 그래서 나는 올덴버그의 '의도'를 복원해야겠다고 생각했다. 올덴버그는 청결한 흰색을 통해 완벽주의 건축가 미스 반데어로에의 이미지를 드러내려 했다고 판단하고, 나는 노란 톤을 전혀 가미하지 않은 순수한 흰색으로 작업을 진행했다.

또다른 예는 조각가 권진규가 무릎 꿇은 나부를 표현한 테라코타 작품이다. 손상된 곳은 없었으나 이전에 누군가가 복원을 하면서 세운 자세가 불안정해 보여 다시 세우는 작업을 진행했다. 꿇어앉은 자세에서 작가의 의도까지 읽어내려는 것은 조금 과장된 생각으로 느껴질 수도 있지만 제3자가 작품을 좌대에 고정하는 과정에서 작품의 자세가 불안정해졌다면 꿇어앉은 자세를 선택한 작가의 의도가 왜곡된 것으로도 볼 수 있다. 처음에 소장자가 이 작업을 의뢰한 동기는 전시했을 때 미관상 보기 좋지 않다는 것이 그 이유였다. 하지만 복원가로서 단순히 보기 좋지 않으니 수정해달라는 부탁에 섣불리 응해서는 안 될 일이다. 내가 작업에 들어간 근거는, 불안정한 자세가 애당초 작가가 의도한 것이 아니기에 재복원을 통해 바로잡아주는 것이 옳다는 데서 나왔다. 비록 의뢰자가 이 차이를 모르거나 이해하지 못하더라도 말이다.

이쯤에서 작가의 의도를 좀더 명확히 정의하고 이해할 필요가 있을 듯하다. 사실 예술작품과 작가의 의도와의 관계를 명확하게 정의한 예를 찾기는 쉽지 않다. 칸트는 『판단력 비판』에서 예술의 천성은 의지와 목적이라는 정신적인 것을 드러내 보이는 것이라며, 예술작품은 그것을 목적으로 한 물질이라고 설명한다. 미술사가 파노프스키Erwin Panofsky는 의도intention라는 용어를 시대 구분, 미적 양식, 장르 등 집합의식 속에서 사용하고 있는데, 예술가 개인의 의지가 그들이 살아온 시대와 연관이 깊다는 것으로 이해하면 될 것 같다. 사회나 집단 내에서의 예술가나 예술작품에 관해 현대 해석학에서는 예술작품은 담론의 장이며, 감상자와의 만남에 종속된다고 정의하고 있다. 가다머Hans-Georg Gadamer와 리쾨르Paul Ricoeur는 작가로부터 분리된 자율적인 예술의 해석과 현상에 관해 언급하기도 했다. 미술작품이 작가의 손을 떠나는 순간 독자적인 자율체가 되는 것을 리쾨르는 '소격화distanciation' 현상을 통해 설명한다. 작품의 소격화와 자율성의 개념은 작품 속 작가의 존재와 권위를 미디어, 미술 이론의 문맥, 감상자의 감상 등에 전적으로 의존하게 한다. 즉 작가의 손을 떠난 작품은 새로운 바깥세상의 질서를 따르게 된다는 의미다.

이러한 개념들을 바탕으로 본다면, 작품의 보존, 복원에서 작가의 의도만을 유일한 원칙으로 삼을 수 없겠다는 생각도 할 수 있다. 또한 작가의 의도가 물질에 의해 표현되었을 때 작품은 결국 물질의 자연적 특성에 종속될 수밖에 없으므로 자연현상에 따라 변화된 색상이나 변화된 모습을 두고 작가의 의도만으로 해석할 수는 없다. 이것이 올덴버그 작품을 복원할 때 흰색을 선택하고, 권진규 조각 작품의 자세를 교정하는 과정에서 작가의 개입 없이 다양한 문맥을 통해 해석하고 적용할 수 있었던 근거다.

결국 조형예술작품의 무엇을, 어떻게 남겨야 할 것인가에 대한 판단은 작가의 의도와 작품을 구성하는 물질의 물리적·화학적 변화, 사회 안에서의 해석 가능성 등이 모두 검토된 후 이루어져야 한다. 따라서 보존복원 행위의 목적은 작품이나 유물에 있다기보다는 그들의 소유자, 연구자, 감상자 등 물질적, 정신적으로 연관을 가진 모든 사람들에게 있다고 할 수 있다. 더욱이 작품 자체는 어떠한 권리도 없으며 보존복원 작업의 판단에 아무런 근거도 주지 못한다. 보존복원이란 결국 인간에 관한 일이며 이러한 상황을 스태니포스S. Staniforth는 '협의하는 보존negotiative conservation'이라 서술했다. 이 시대의 보존복원 활동은 규정된 개념에 얽매이지 않고 창조적이고 개방적으로, 상상력을 바탕으로 다양한 분야와의 교류 속에서 이루어져야 한다.

■ Dykstra, S.W., 'The Artist's Intentions and the Intentional Fallacy in Fine Arts Conservation', JAIC 1996, Volume 35, Number 3, Article 3, p.14.

P. Ricoeur, 'The hermeneutical function of distanciation', Hermeneutics and the social sciences, J. B. Thompson (ed. and trans), Cambridge: Cambridge University Press, 1981, pp.131–44.

S. Staniforth, 'Conservation: Significance, Relevance and Sustainability', Bulletin2000 6, IIC, 2000, pp.3–8.

에필로그

# 우연한 인생

낡은 피아노 한 대가 내게로 왔다. 캐나다에서 왔다는 'W. W. Kimball'이라는 상표명이 붙은 미국산 피아노였다. 미국 안티크 사이트에서 이미지로 검색해보니 1895년에서 1930년 사이에 생산된 모델이었다. 그러니 아마 100년쯤 된 피아노일 것이다. 임시 수장고 한쪽에 위치한 피아노는 첫눈에도 몹시 낡아 보였다. 오래된 베니어 판재 표면은 곳곳이 벗겨지고 떨어져나갔으며 표면층이 남아 있는 면도 먼지와 때로 얼룩덜룩했다. 건반 뚜껑을 열어보니 건반은 대부분 주저앉아 울퉁불퉁하게 등고선을 그리고 있었다. 건반이 눌리지 않으니 소리가 나지 않는 것은 당연했다. 오래된 낡은 피아노라기보다는 흡사 오랜 시간 매장되었다가 발굴된 유물 같았다.

이 피아노를 6월까지 복원해야 했다. 서울시 도봉구 수유동에 있는 '통일의 집'은 문익환 목사님과 아내 박용길 장로님이 머무셨던 곳이다. 이곳을 새롭게 단장해 일반인에 개방하는 박물관 개관을 앞두고 있었다. 이 피아노는 2018년 6월 통일의 집 개관식에 맞춰 전시될 문익환 목사님의 유품이었다.

피아노는 일반 가정에서 사용하는 업라이트 피아노였다. 콘서트에서 볼 수 있는 그랜드 피아노가 널찍한 테이블 형태라면 업라이트 피아노는 콘솔 책장같이 벽면에 붙여 세워둘 수 있다. 두 피아노는 단순히 외형만 다른 것이 아니다. 현을 때려 소리를 내는 구조 자체가 다르게 설계되어 있다. 나는 우선 피아노 윗면의 뚜껑을 열어 안쪽 잠금쇠를 풀고 앞판을 떼어냈다. 그러자 건반의 움직임을 해머로 전달하는 복잡한 구조가 드러났다.

세월의 먼지와 이곳에서 몇 대를 살아왔을 법한 벌레들의 자취가 피아노 내부의 구조물들 사이사이를 빼곡히 채우고 있었다. 건반 뚜껑을 본체에서 분리하고 나니 해머 구조물 전체가 드러났다. 가지런히 놓여 현을 때릴 준비와 울린 현을 잡아줄 준비를 하고 있어야 할 해머와 스토퍼가 울퉁불퉁하게 제멋대로 자리를 잡은 채 굳어 있었다. 울퉁불퉁 눌려 있는 건반을 모두 들어내니 건반 역시 반 이상이 빡빡하게 굳어 있었다. 건반을 고정하는 철제 쐐기가 심하게 녹슬어 건반 나무를 죄고 있었기 때문이다. 건반 고정 쐐기뿐만 아니라 피아노에 사용된 나사못을 비롯한 모든 철제에는 녹이 심하게 슬어 있었다. 아마도 피아노는 한 달 이상 배를 타고 태평양을 건너 온 후 오랫동안 습한 곳에서 사용되지 않고 있었던 듯했다.

힘을 주어 건반 88개를 모두 떼어놓고 보니 왼편 건반 밑에 널찍하게 촛농이 굳어 있었다. 처음에 위쪽 건반들이 전혀 눌리지 않아 의아해했는데 원인이 바로 이 촛농들이었던 것이다. 마침 현장에 계시던 관장님께서 평소 어머님이 집안 여러 곳에 초를 자주 켜두셨다고 했다. 적어도 건반 위에 초를 켜두셨을 텐데 어떻게 좁은 건반 사이로 이 많은 양의 촛농이 흘러내려왔는지…… 건반 위아래로는 사탕 껍질이 다섯 개 정도 놓여 있었다. 피아노를 장난감처럼 여겼을 어린 시절의 누군가가 위 뚜껑을 열어 껍질을 넣기도 하고 아래쪽에서 건반 밑 틈새로 사탕 껍질을 밀어넣기도 했을 것이다. 사탕의 달콤한 냄새와 당분이 더 많은 벌레 가족의 이주를 도왔을 것임에 틀림없다.

연구원들이 떼어놓은 건반을 순서대로 포장하는 동안 나는 아래쪽 판을 떼어내고 오염물을 청소기로 빨아들였다. 보통 작품이나 유물을 연구소로 이송해 본격적인 복원을 하기 전, 임시 수장고에서 가능한 만큼 구조들을 분리하고 1차적으로 오염물을 제거한다. 100년 전 피아노는 현재와는 비교할 수 없을 만큼 무겁게 만들어져 있었기에, 운송 중 손상을 최소화하기 위해서라도 가능한 한 무게를 줄이는 방향으로 계획을 세웠다.

두 시간 남짓에 걸쳐 분해 작업을 마치고 잠시 숨을 돌리는데 한 연구원이 내게 물어왔다. "선생님 어떻게 피아노 구조를 그리 잘 아세요?"

나는 외동아들인데다 내성적인 터라 친구들과 어울려 놀기보다 방에서 혼자 공상하고 낙서하는 것을 즐겼다. 틈틈이 했던 놀이도 뭔가를 만들고 분해하고 다시 조립하는 것이었다. 탁상용 태엽시계를 모두 분해하고는 다시 조립을 하지 못해 어머니 몰래 숨겼던 일을 제외하고는 오디오 턴테이블 등 대부분의 물건은 성공적으로 다시 맞추었다. 피아노도 그중 하나였다. 나는 좋아하던 피아노의 건반을 하나하나 분해하고 다시 원래대로 맞춰서 건반을 눌러 조율하는 일을 좋아했다. 어떠한 목적도 이유도 없이 그저 재미있어서 했던 어렸을 적 놀이가 어쩌면 지금의 나를 만든 건지도 모르겠다. 돌이켜 생각해보니, 어릴 때부터 손끝에 익혀온 감각이, 물건을 보거나 손에 넣으면 그 내부가 궁금하고 결국엔 열어보던 습성이 지금 내 일로 이어진 것 같다.

그래서 고백하건대, 나는 인생의 우연성을 사랑한다. 너무 애쓰지 않고, 불안해하지 않고 가만히 마음을 따라가다보면 자연스럽게 삶은 이어진다는 막연한 믿음을 갖고 있다. 오래전 문화체육관광부 소속 팀의 장으로 지낸 6년여의 공직 생활을 청산할 때도, 아이를 대안학교에 보낸다고 했을 때도 나는 의아해하는 주위 사람들의 걱정스러운 눈빛을 받아야만 했다. 그들의 반응은 한결같았다. 왜 멀쩡히 잘 가고 있던 안정적인 길에서 갑자기 이탈하냐는 거였다. 결국 현재 한국 사회 대다수 사람이 공유하는 가치나 구조에 따르지 않으면 불행해질 수 있다는 것인데, 이런 풍문에 내포된 것은 필연적으로 그렇게 된다는 '사실'이 아니라 그럴지도 모른다는 '불안'이다.

현대 자본주의 사회는 인간이 자기실현을 하며 행복을 느끼고 살 정도의 돈, 그 이상을 욕망하게 하고 끊임없는 소비를 통해 자신의 사회적 위치나 가치를 확인하게끔 보이지 않게 독려한다. 현대 사회의 평범한 중산층이란 이 시스템에 잘 적응하며 별 문제도 일으키지 않고 끊임없는 소비를 통해 시스템을 잘 유지시키는 사람들을 의미하는 건 아닐까. 이제 인간은 거대한 쇼핑몰 안에 살며 끊임없이 물건을 사는 존재로 운명 지워진 듯하다. 거기에서 파는 물건을 사기 위해 스스로 쇼핑몰 직원으로 일하며, 급여의 대부분이나 그 이상을 다시 그 물건으로 바꾸고 있는 것이다. 그런 불안에 같이 동참하자고, 거대한 세상의 물결이 내 마음을 휩쓸어버리려 할 때 나는 아버지와, 유화 물감 냄새와, 어릴 적 내 피아노를 생각한다.

예술가 아버지의 삶은 늘 변화무쌍했다. 그러한 변화가 가족에게 항상 반가운 일만은 아니었다. 여러 학교에서 직장 생활도 하셨지만 항상 창작에만 관심이 있으셨고 나중에는 대학 교수

직을 그만두시고 오로지 그림에만 전념하셨다. 아버지는 내게 무엇이든 좋아하는 일이 생기면 마음을 다해 노력하라 하셨다. 그러면 의도하지 않은 충만한 결과가 기다리고 있다고. 연로하신 아버지는 지금도 그 사실을 몸소 보여주고 계신다. 어쩌면 아버지는 나의 무의식 어딘가에서 길이 보이지 않을 때마다 끊임없이 영감을 불어넣어주는 살아 있는 예술작품일지도 모르겠다.

화가이신 아버지를 둔 나는 어린 시절 맡은 유화 물감 냄새와 이젤 앞에 앉아계신 아버지를 올려다본 기억이 가장 많이 떠오른다. 아버지의 아틀리에에서는 늘 음악이 흘러나왔는데 어린 나를 매료한 음악이 있었다. 바로 쇼팽의 곡이었다. 쇼팽의 곡을 내 손으로 연주하고 싶다는 소망이 내 속에서 자란 것일까? 나는 여덟 살에 피아노를 시작했고, 열세 살쯤 처음으로 쇼팽의 곡 중 쉬운 편인 마주르카를 연주했다. 열여섯 살 무렵 음반으로만 듣던 즉흥환상곡의 첫 마디를 연주한 기억이 지금도 선명하다.

이 세상에는 천 개의 직업과 더불어 하나의 직업을 찾아가는 데도 천 개의 길이 있다고 생각한다. 그리고 인간이란 스스로 길을 만들어 걷는 존재이지, 컨베이어벨트 위의 부품처럼 그저 잘 만들어진 길을 기계적으로 따라가는 존재는 아닐 것이다. 나 역시 딸아이에게 하얀 도화지 한 장을 건네주며, 삶이란 열심히 그리다가 이상하다 싶으면 지우고 고쳐가며 스스로 만족할 때까지 그저 열심히 그려가는 것이라고 말해주었다. 아이들은 창작 과정에서 매 순간 자신이 선택한 방법과 행동을 돌아보고 수정해나가는 경험을 통해 자신이 자기 삶의 주인임을 깨달아간다. 나 또한 내 인생을 통해 내가 아이에게 말해준 것과 같은 소박한 진실을 몸소 보여주고 싶다.

# 시간을 복원하는 남자



1판 1쇄 2018년 7월 9일
1판 4쇄 2023년 8월 1일

지은이 김겸
기획 김소영 | 책임편집 구민정 | 편집 김소영
디자인 최윤미 이주영
마케팅 정민호 한민아 이민경 안남영 김수현 왕지경 황승현 김혜원 김하연
브랜딩 함유지 함근아 박민재 김희숙 고보미 정승민 배진성
저작권 박지영 형소진 최은진 서연주 오서영
제작 강신은 김동욱 이순호 | 제작처 더블비(인쇄) 중앙제책(제책)

펴낸곳 (주)문학동네 | 펴낸이 김소영
출판등록 1993년 10월 22일 제2003-000045호
주소 10881 경기도 파주시 회동길 210
전자우편 editor@munhak.com | 대표전화 031)955-8888 | 팩스 031)955-8855
문의전화 031)955-3576(마케팅) 031)955-2671(편집)
문학동네카페 http://cafe.naver.com/mhdn
인스타그램 @munhakdongne | 트위터 @munhakdongne
북클럽문학동네 http://bookclubmunhak.com

ISBN 978-89-546-5198-1 03600


* 이 도서의 국립중앙도서관 출판예정도서목록(CIP)은 서지정보유통지원시스템 홈페이지(http://seoji.nl.go.kr)와 국가자료공동목록시스템(http://www.nl.go.kr/kolisnet)에서 이용하실 수 있습니다. (CIP 제어번호: 2018018673)